ACTES DE IYASUS MO'A

ABBÉ DU COUVENT DE ST-ÉTIENNE DE ḤAYQ

CORPUS
SCRIPTORUM CHRISTIANORUM ORIENTALIUM
EDITUM CONSILIO
UNIVERSITATIS CATHOLICAE AMERICAE
ET UNIVERSITATIS CATHOLICAE LOVANIENSIS
Vol. 259
SCRIPTORES AETHIOPICI
TOMUS 49

ACTES DE IYASUS MO'A

abbé du couvent de St-Etienne de Ḥayq

ÉDITÉS PAR
STANISLAS KUR

LOVANII
IN AEDIBUS PEETERS
1965

ISBN: 90-429-0299-X

Éditions Peeters, Bondgenotenlaan 153, B-3000 Leuven, Belgium.

AVANT-PROPOS

Iyasus Mo'a, abbé du couvent de St-Étienne de Ḥayq dans la deuxième moitié du XIIIe siècle, est vénéré comme saint par l'Église éthiopienne.

L'édition de ses Actes [1] est faite ici selon deux manuscrits :

A) le ms de la Bibliothèque Vaticane, Cerulli Etiopico n° 243. Parchemin. Copie faite en 1932 sur un ms du Couvent de St-Étienne (Esṭifānos) de Ḥayq à la requête du Docteur Brielli (Cfr la notice sur Brielli par Conti Rossini, *Studi Etiopici*, 1945, p. 78). Dimensions : cm. 18×25.

Le scribe a mentionné à la fin du manuscrit, en amharique, l'année (selon l'ère éthiopienne) et son propre nom : « Année 1925. Sois adoré, sois loué, ô Dieu, qui m'ayant fait commencer ceci, m'as permis de (l')achever. Le scribe en est *alaqā* Alamu Ḫāylu, et son nom de baptême est Walda Ammānu'el ».

Ce manuscrit comprend 73 feuilles qui ont été cousues ensemble en 7 cahiers, numérotés de 2 à 7, sur les pages suivantes : 11r, 21r, 31r, 41r, 51r, 59r. Chaque page contient deux colonnes comptant chacune 17 lignes à l'exception de f. 1r[o] qui contient deux colonnes de 15 lignes. Tout le manuscrit semble écrit par un même copiste et est écrit soigneusement. Il y a peu de corrections. Les lettres écrites par erreur sont annulées par trait au-dessus de la lettre et un autre au-dessous.

B) Le ms. de la Bibliothèque de l'Académie des Lincei, à Rome, « Conti Rossini n° 86 ». Copié sur un registre en papier moderne. Dimensions : cm· 31×21.

C. Conti Rossini écrit au sujet de la provenance de ce manuscrit : « Il Gadla Iyasus Mo'a, sinora affatto sconosciuto in Europa, fu per mia preghiera, fatto copiare nel convento di Ḥayq dal comm. Alberto Pollera, agente d'Italia prima fra i Uollo e poscia in Adua » [2]. Cette copie avait donc été faite avant 1922, date à laquelle Conti Rossini en publia un fragment. Le manuscrit porte l'inscription : « Atti di Iyasus-Mo'a (copiati da un ms. di Ḥayq) » ; au bas de la page se trouve un mot que je ne suis pas arrivé à déchiffrer, et la signature de C. Conti Rossini.

[1] Cfr. E. Cerulli, *Storia della letteratura etiopica*, II éd. Milan 1961, p. 95-97.

[2] C. Conti Rossini, *La caduta della dinastia Zagué e la versione amarica del Be'ela Nagast*, dans *Rendiconti R. Accademia Lincei*, sc. mor., vol. XXXI, 1922, p. 282.

Ce manuscrit comprend 20 feuilles. L'ordre des cahiers est bouleversé, et les folios sont à lire comme suit : 11-20, 1-10. L'ordre correct a été marqué à la main, par (probablement) C. Conti Rossini, en chiffres arabes. Chaque page a deux colonnes. Le nombre des lignes de chacune est de 31, sauf quelques exceptions. L'addition au texte, dans la dernière page, est écrite d'une autre main. L'écriture de ce manuscrit est moins soignée que celle de A (les caractères sont de différentes grandeurs, bon nombre de lettres sont introduites par erreur, et en suite biffées à l'encre). Ff. 1v-5v ont des vides réservés pour les noms qui devaient probablement être inscrits en rouge (ailleurs dans le manuscrit les noms sont écrits en noir).

L'orthographe du ms B porte un plus grand nombre de traces d'influence amharique que n'en compte le ms A. Par exemple : omission de la laryngale, suppression graphique de la nasale, confusion de la labiovélaire avec la consonne simple correspondante.

Comme base de l'édition du texte j'ai adopté le ms A, plus correct que B. Je complète les lacunes du ms A, à l'aide du ms B. Dans quelques cas j'ai introduit la variante de B, que j'estime être la *lectio melior*. L'apparat ne signale que les variantes les plus importantes, sans mentionner celles qui sont purement graphiques et orthographiques. Le texte adopte la graphie du ms A, complète les consonnes omises dans l'écriture sous l'influence de l'amharique et corrige les fautes. Les mots éthiopiens sont transcrits selon le système en usage dans le CSCO.

* * *

Cet ouvrage a été admis comme travail de diplôme à l'Université de Varsovie. Je veux ici exprimer ma profonde reconnaissance à M. Stefan Strelcyn, Professeur de langues sémitiques à l'Université de Varsovie, qui a dirigé ce travail, et qui en a lu et corrigé la version française. Je remercie aussi M. le Prof. E. Cerulli qui m'a suggéré ce choix, qui a bien voulu lire l'ouvrage, résolvant quelques difficultés de traduction, en écrire l'introduction et l'accueillir dans le CSCO. J'exprime encore mes remerciements au Père Prof. J. Simon S.I. qui m'a mis en rapport avec le Prof. Cerulli, ainsi qu'à M. le Prof. R. Draguet, Editeur du CSCO., et à tous ceux qui m'ont aidé dans ce travail.

Stanislas Kur.

በስመ ፡ አብ ፡ አሚን ፡ በስመ [1] ፡ ወልድ ፡ አሚን ፡ በስመ ፡ * A f. 1 r
መንፈስ ፡ ቅዱስ ፡ ሕይወት ፡ ዘለዓለም ፡ * B f. 1 r

አቀድም ፡ አዕኰቶቶ ፡ ለእግዚአብሔር ፡ በእንተ ፡ እግዚእነ ፡ ኢየሱስ ፡ ክርስቶስ ፡ ወበእንተዝ ፡ ኵልክሙ ፡ እስመ ፡ ተሰምዓት ፡ ሃይማኖትክሙ ፡ ውስተ ፡ ኵሉ ፡ ምድር ። ወካዕበ ፡ ይቤ ፡ ነቢይ ፡ ስማዕ ፡ ሰማይ ፡ ወአፅምዒ ፡ ምድር ፡ ዘንትናገር ፡ ንሕነ ፡ ዜና ፡ ገድሉ ፡ ለአብ ፡ ወትሩፈ ፡ ምግባር [2] ፡ ወምሉዓ ፡ ጸጋ ፡ ወጽድቅ [3] ፡ ወሞገስ ፡ ከመ ፡ እስጢፋኖስ ፤ አቡነ ፡ ኢየሱስ ፡ ሞዓ ፡ ዘሐይቅ ፡ ስማዕ ፡ ሰማይ [4] ፡ ዘይቤ ፡ ነቢይ ። አኮ ፡ በእንተ ፡ ሰማይ ፡ አላ ፡ በእንተ ፡ እለ ፡ ሀለው [5] ፡ * በውስተ ፡ ሰማይ ፤ ወአፅምዒ ፡ ምድር ፡ * A f. 1 v ዘይቤ ፡ አኮ ፡ በእንተ ፡ ምድር ፡ ባሕቲታ ፡ አላ ፡ በእንተ ፡ ፈጡራን ፡ እለ ፡ ሀለዉ ፡ ውስቴታ ። ከመ ፡ ይስምዑ ፡ ወያጽምዑ [4] ፡ ጽድቀ ፡ ነጊረ ፡ ገድሉ ፡ ለአቡነ ፡ ዘይበጽሕ ፡ ስሙዓተ ፡ ነገሩ ፡ ውስተ ፡ ኵሉ ፡ አጽናፈ ፡ ዓለም ። ወካዕበ ፡ ⌜ይቤ ፡ መዘምር ፡ ወነቢይ ፡ ዳዊት [6] ፡ በቃለ ፡ መጽሐፉ ። ስምዑ ፡ ዘንተ ፡ ኵልክሙ ፡ አሕዛብ ፡ ወአጽምዑ ፡ ኵልክሙ ፡ እለ ፡ ትነብሩ ፡ ⌜ውስተ ፡ ምድር [7] ፡ በበበሐውርቲክሙ ፡ ደቂቀ ፡ እጓለ ፡ እመሕያው ፡ አብእልትኒ ፡ ወነዳይኒ ። አፉየ ፡ ይነግር ፡ ጥበበ ፡ ጽድቁ ፡ ለአቡነ ፡ ኢየሱስ ፡ ሞዓ ፡ ወሐሊና ፡ ልብየ ፡ ምክረ ፡ ገድሉ ፡ ለአቡነ ፡ መንክረ ፡ ጽድቅ ። ወዕፁበ ፡ ጸጋ ፡ ወመድምመ ፡ ሃይ*ማኖት ፡ ዘተሰብከ ፡ ውስተ ፡ ኵሉ ፡ ዓለም ። ወካዕበ ፡ * A f. 2 r ይቤ ፡ ዝንቱ ፡ መዘምር [4] ፡ ዳዊት ፡ ስምዓኒ ፡ ሕዝብየ ፡ ወእንግርከ ፡ እስራኤልኒ [8] ፡ አሰምዕ ፡ ለከ ። ወይእዜኒ ፡ ስምዑ ፡ ወአጽምዑ ፡ ኵልክሙ ፡ ነገረ ።

[1] B ወበስመ ፡ — [2] B ምግባሩ ፡ — [3] (B)] A ወጻድቅ ፡ (corrupte) — [4] B om. — [5] B ዘሀለው ፡ — [6] B ነቢይ ፡ ዳዊት ፡ ይቤ ፡ — [7] B ውስተ ፡ ዓለም ፡ — [8] B ወእስራኤል ፡

ዝንቱ ፡ አብ ፡ መንፈሳዊ ፡ ጻድቅ ፡ ወንጹሕ ፡ እምነውር ። ወእምኵሉ ፡ አበሳ ፡ ወኃጢአት ። ዘይገብርዎ [1] ፡ ኵሎሙ ፡ ኃጥአን ፡ እሉ ፡ ውሉዱ ፡ ለሰይጣን ፡ እለ ፡ አልቦሙ ፡ ንስሐ ፡ ከመ ፡ ይኩኑ ፡ ውሉዶ ፡ ለእግዚአብሔር ። ወዓዲ ፡ ይቤ ፡ ካልዕኒ ፡ ዘኮነ ፡ ሊቀ ፡ ጳጳሳት ፡ በሀገር [2] ፡ ዓባይ ፡ ምንተ ፡ እነግር ፡ ወምንተ ፡ እዜኑ ፡ በእንተ ፡ ዝንቱ ፡ ምሥጢር ። ምሥጢርሰ ፡ ዘይቤ ፡ ገድላቲሁ ፡ ወመንክራቲሁ ፡ ለክቡር ፡ አብ ፡ መንፈሳዊ ፡ ጻድቅ ፡ ወትሑት ። (* A f. 3 v) ወእን*ሥ [3] ፡ በስደት ፡ ወመከራዊ ፡ በኵሉ ፡ ነገር ። ወከባቴ ፡ አበሳ [4] ፡ ወመፍቀሬ ፡ ቢጽ ፡ ወኅሩም ፡ እምኵሉ ፡ መባልዕት ፡ ቀሱማት ፡ ወእምነ ፡ ስቴ ፡ ምዝር ፡ ወወይን ፡ ዘይሰልብ ፡ ልበ ፡ ኵሎሙ ፡ አብዕልት ፡ አለማውያን ። ወይእዜኒ ፡ ምንተኑ ፡ እዜኑ ፡ ወምንተኑ ፡ እነግር ። በእንተ ፡ ዜና ፡ ገድሉ ፡ ወባሕቱ ፡ ንስቲተ ፡ አየድእ ፡ በከመ ፡ አለበወኒ ፡ መንፈስ ፡ ቅዱስ ። ዘሰማዕኩ ፡ ወዘነገሩኒ ፡ አበውየ ። ወዘአለበወኒ [5] ፡ ቀደምት ፡ በከመ ፡ ይቤ ፡ ነቢይ ፡ እከሥት ፡ በምሳሌ ፡ አፉየ ፡ ወእነግር ፡ አምሳለ ፡ ዘእምትካት ። ኵሎ ፡ ዘሰማዕነ ፡ ወዘርኢነ ፡ ወዘነገሩነ ፡ አበዊነ ፡ ወከማሁ ፡ አነሂ ፡ አልዒልየ ፡ ቃለ ፡ ኢኮንኩ ፡ አላ ፡ በዓቅምየ ፡ ከመ ፡ ይስምዑ ፡ ወይእመኑ ፡ ዜናሁ ፡ (* A f. 3 r) * እለ ፡ ኢየአምርዎ ፡ አሕዛብ ። ለአቡነ ፡ ኢየሱስ ፡ ሞዓ ፡ ዘመልዓ ፡ ኵሎ ፡ ዓለመ ፡ ሥልጣነ ፡ ቃሉ ፡ በከመ ፡ ይቤ ፡ እግዚእነ ፡ በወንጌል ፡ ዘዜነውዎሙ ፡ ለሐዋርያቲሁ ። ዘነገርኩክሙ ፡ በውስተ ፡ ቤት ፡ ንግርዎ ፡ በውስተ ፡ ናሕስ ። ወዘኒ ፡ አልኖሰስኩ ፡ ለክሙ ፡ ስብክዎ ፡ ለኵሉ ፡ ሕዝብ ፡ ዘሰ ፡ አምነ [6] ፡ ይድኅን ፡ ወዘሰ ፡ ኢአምነ ፡ ወዘኢተጠምቀ ፡ ይደየን ። ወከማሁ ፡ ዘንተኒ ፡ ዜና ፡ ትሩፋቲሁ ፡ ወስነ ፡ ጽድቁ ፡ ለአብ ፡ መንፈሳዊ ፡ አባ ፡ ኢየሱስ ፡ ሞዓ ፡ ዘነገሩኒ ፡ ካልዓን ፡ ወዘአልኖሰሰ ፡ ሊተ ፡ መንፈስ ፡ ቅዱስ ፡ እነግር ፡ ወእሰብክ ፡ ለሕዝብ ፡ ዘሰ ፡ አምነ ፡ ይድኅን ፡ ወዘሰ ፡ ኢአምነ ፡ ወኢተሰፈወ ፡ ⌜ኪዳነ ፡ አቡነ [7] ፡ ወመ[ም]ሕርነ ፡ ወቀርነ ፡ መድኃኒትነ ፡ አባ ፡ ኢየሱስ ፡ ሞዓ ፡ (* A f. 2 v) * ይደየን ። ኀበ ፡ ሀሎ ፡ ብካይ ፡ ወሐቀየ [8] ፡ ስነን ፡ እንሰ ፡ እሚህር ፡

[1] B ዘይገብርዎሙ ፡ — [2] B ዘሀገር ፡ — [3] B እትሥ ፡ — [4] B add. ወኃጢአት ፡ — [5] B ወዘአለበውኒ ፡ — [6] (B)] A ዘአምነ ፡ — [7] B ኪደነ ፡ ለአቡነ ፡ (sic) — [8] B ወሐቀየ ፡

ወእነግር ፡ ዜናሁ ፡ ለሰብ[እ] ፡ * ክሡተ[1] ፡ በከመ ፡ ይቤ ፡ ሐዋርያ ፡ በመልእክቱ ። ዘሰ ፡ እሚሐር[2] ፡ አነ ፡ ለሱበአ ፡ እሚሐር ፡ አኮ ፡ እንዘ ፡ አኀሥሥ ፡ ተድላዝ ፡ ዓለም ፡ ከንቱ ። ወከማሁ ፡ አነሂ ፡ ሐዳጠ ፡ እነግረክሙ[3] ፡ እምዜና ፡ ኂሩቱ ፡ ወቀድስናሁ ፡ ወትሩፋቲሁ ፡ ለአብ ፡ ክቡር ፡ አባ ፡ ኢየሱስ ፡ ሞዓ ፡ ጻድቅ ፡ ወየዋህ ፡ ወትሁት ፡ ለባሴ ፡ ሃይማኖት ፡ ወባሕቱ ፡ ናርምም ፡ እስመ ፡ ኢንክል ፡ ፈጽሞ ፡ ጥንቁቀ ፡ ነጊረ ፡ በእንተ ፡ ዕበዩ ፡ ወዜና ፡ ኂሩቱ ፡ ወስነ ፡ ጽድቁ ፡ ለአቡነ ፡ ኢየሱስ ፡ ሞዓ ፡ ዘሐይወ ፡ ከመ ፡ ሳሙኤል ። በከመ ፡ ይቤ[4] ፡ መጽሐፍ ። በውዳሴሃ ፡ ለእግዝእትነ ፡ ማርያም ፡ ዘዕለተ ፡ ሣልሲት ፡ * ናርምም ፡ እስመ ፡ ኢንክል ፡ ፈጽሞ ፡ ጥንቁቀ ፡ ነጊረ ፡ በእንተ ፡ ዕበዩ ፡ ለውእቱ ፡ ገባሬ ፡ ሠናያት ፡ በብዙኅ ፡ መንክር ፡ ራዕይ ። ወከማሁ ፡ ኢየኃልቀ ፡ መንክራቲሁ ፡ ከመ ፡ ተናገርነ ፡ ቀዳሚ ። ወባሕቱ ፡ ንኅድጎ ፡ በሐፀር ፡ ለነጊረ ፡ ዝንቱ ፡ አብ ፡ መንፈሳዊ ፡ እስመ ፡ ድኩም ፡ ፍጥረትነ ። በከመ ፡ ይቤ ፡ ሐዋርያ ፡ እስመ ፡ ሐፀር ፡ ዕለትየ ። ወናሁ ፡ አብጻሕኩ ፡ ለክሙ ፡ ስምዓታት[5] ፡ እምቀዱሳት ፡ መጻሕፍት ፡ እግዚአብሔር ፡ ያርኁ ፡ ዕዝነ ፡ ልብክሙ ፡ ለሰሚአ ፡ ገድሉ ፡ ለአቡነ ፡ ኢየሱስ ፡ ሞዓ ፡ ዘይትነበብ ፡ ⌜አመ ፡ ፳ወ፮ለወርኀ ፡ ኅዳር[6] ፡ ወለለወርኁ[7] ፡ በሰላመ ፡ እግዚአብሔር ፡ አሜን[8] ። *

* B f. 1v
* A f. 4r
* A f. 4v

በስመ ፡ እግዚአብሔር ፡ አብ ፡ ለጽልመተ ፡ ጌጋይ ፡ ዘይሰድዶ ። ወበስመ ፡ እግዚአብሔር ፡ ወልድ ፡ ዘሠምረ ፡ እምድንግል ፡ ተወልዶ ፤ ወበስመ ፡ እግዚአብሔር ፡ ጰራቅሊጦስ ፡ መንፈሰ ፡ ልቡና ፡ ለዘይጸመዶ ። ዕሩየ ፡ ምልክና ፡ በተዋህዶ ። ወሀቤ ፡ ሕይወት ፡ ለዘይገብር ፡ ፈቃዶ ። ዘአምጽአ ፡ ዓለመ ፡ እምነበ ፡ ኢሀሎ ፡ ውስተ ፡ ሀልዎ ፡ በአግህዶ ፡ ለዘመጽአ[9] ፡ ውስተ ፡ ኖኅቱ ፡ ዘይጐደጕዶ ። እንበለ ፡ ይርከብ ፡ ተምኔቶ ፡ ዘኢይሰድዶ ። ሎቱ ፡ ስብሐት ፡ አብራክ ፡ ልብየ ፡ በአስግዶ ፡ ወክሣደ ፡ ሕሊናየ ፡ በአቍጥጦ ፡ ወበተጸምዶ ። ወስብሐት ፡ ለወልድ ፡ ⌜ለሐድመተ ፡ ሞት ፡ ዘኬዶ[10] ፤ መዝገበ ፡

[1] (B)] A ክሡት ፡ — [2] (B)] A ዘእሚሐር ፡ — [3] B እነግር ፡ ለክሙ ፡ — [4] B om. — [5] (B)] A ሰማዕታተ ፡ — [6] B አመ ፡ ፳፮ለኅዳር ፡ — [7] (B)] A ወለወርኁ ፡ — [8] A add. ዘሰኑይ ፡ — [9] (B)] A በዘመጽአ ፡ — [10] B ዘኬዶ ፡ ለሞት ፡

* A f. 5 r ንዋዩ ፡ አመ ፡ ሄዶ ። ወስብሐት ፡ ለመንፈስ ፡ ቅዱስ ፡ ልሳናተ ፡ እ*ሳት ፡ ዘ
የዓውዶ ። ⌜ወምንሐረ ፡ ቅዳሴ ፡ በአሞግዶ[1] ። ለዓለመ ፡ ዓለም ፡ አሜን ።
ኀበኒ ፡ እግዚኦ ፡ ልሳነ ፡ ከመ ፡ ልሳነ ፡ ኪሩቤን[2] ። ወከናፍረ ፡ ከመ ፡ ከ
ናፍረ ፡ ሱራፌን[3] ። በዘእክል[4] ፡ ነጊረ ፡ ውዳሴሁ ፡ ለ፩ካህን[5] ። ዘጥዑም ፡
እምአስካለ ፡ ወይን ። ወጽዱል ፡ እምጽጌ ፡ ሮማን ። ዘምኑን ፡ በኀበ ፡ አብዳ
ን ፡ ወውኩፍ ፡ በኀበ ፡ ጠቢባን[6] ። ዘሥሙር ፡ በኀበ ፡ ቅዱሳን ። ወሐቁር ፡
በኀበ ፡ ርኩሳን ። ዝውእቱ ፡ ካህን ፡ ኢየሱስ ፡ ሞዓ ፡ ምዕመን ። ዕንቍ ፡ ዘ
ጳዝዮን ፡ ዘቤተ ፡ ክርስቲያን ፡ ምዑዘ ፡ ጸሎት ፡ ከመ ፡ ዕጣን ። ዝውእቱ ፡
ኢየሱስ ፡ ሞዓ ፡ በኀይለ ፡ መንፈስ ፡ ቅዱስ ፡ ዘጸንዐ ፤ ወርስተ ፡ ቅዱሳን ፡ ዘ
* A f. 5 v አድምዓ ። አርባሔ ፡ ምናን ፡ እንተ ፡ ነሥአ ። * ምስለ ፡ ረባሑ ፡ ⌜ለአበ ፡
ብርሃናት[7] ፡ ሶበ ፡ አብአ ። ወእንበይነ ፡ ዝንቱ ፡ ተበፅዖ ፡ ተበፅአ ።
ዝውእቱ ፡ ኢየሱስ ፡ ሞዓ ፡ ለቤተ ፡ ክርስቲያን ፡ ቀርና ፤ ወጽጉይ ፡ በዋካ ፡
ስና ። ልዑለ ፡ ዝክር ፡ ከመ ፡ ነቢየ ፡ ሲና ፡ ስርግወ ፡ መልክዐ ፡ በወርቀ ፡
ቅድስና ፡ መዝገበ ፡ ንዋዩ ፡ ለእንጦና ፡ ተመጣዊ ፡ መርሐ ፡ ዘመንግሥተ ፡
ሰማያት ፡ ከመ ፡ ወልደ ፡ ዮና ። ዝውእቱ ፡ ኢየሱስ ፡ ሞዓ ፡ ተቀዋመ ፡ ወር
* B f. 2 r ቀ ፡ ዘ*ከኒሳ ። ወመሳውረ ፡ ወርቀ ፡ ዘውስተ ፡ መቀደሳ ፤ ወአክሊለ ፡ ባሕር
ይ ፡ ዘዲበ ፡ ርእሳ ። ዝውእቱ ፡ ኢየሱስ ፡ ሞዓ ፡ ከዋወ ፡ አዕጋር ፡ ለተል
ዕኮ ፡ ወጸዋሬ ፡ ትእግሥት ፡ በኢተምእኮ ። ወፈጻሚ ፡ ገድል ፡ በኢተሀውኮ ።
* A f. 6 r ዓምደ ፡ ባሕርይ ፡ ነፋ*ሰ ፡ ዓውሎ ፡ ዘኢነክነኮ ። ዝውእቱ ፡ ኢየሱስ ፡ ሞዓ ፡
ሐመረ ፡ ወርቅ ፡ መድኀኒ ። ዘይጸውር[8] ፡ ቦቱ ፡ ንዋየ ፡ መንግሥት ፡ ዘረቡኒ ።
ዘኢሆኮ ፡ ⌜ማእበለ ፡ ባሕር[9] ፡ ማሳኒ ። ዝውእቱ ፡ ⌜ኢየሱስ ፡ ሞዓ[1] ፡ ረሳ
ኒ ፡ በሐወ ፡ መለኮት ። ከመ ፡ ኢያቍርሮ ፡ ቍረ ፡ ስሕተት ። ዝውእቱ ፡ ፩
እምነ ፡ ፯ቱ ፡ መሐትዋት ፡ ዘህልው ፡ በየማኑ ፡ ለለባሴ ፡ እሳት ። ዝውእቱ ፡
⌜ኢየሱስ ፡ ሞዓ[1] ፡ ንጽሕ ፡ ወቅድስና ፡ አጽፉ ። በከመ ፡ ነቢያት ፡ ወሐዋር
ያት ፡ ጸሐፉ ። ዝውእቱ ፡ ኢየሱስ ፡ ሞዓ ፡ ዘጽዱል ፡ ስኑ ፡ ለአበ ፡ ብርሃ

[1] B om. — [2] B ኪሩቤል ፡ — [3] B ሱራፌል ፡ — [4] B ዘእክል ፡ — [5] (B)] A በ፩ካህን ፡ (corrupte) — [6] B እግዚአብሔር ፡ — [7] (B)] A ለአብ ፡ ብርሃናት ፡ (sic) — [8] (B)] A ዘይጸወር ፡ — [9] B ማእበለ ፡

ናት ፡ በብርሃኑ ፡ ዝውእቱ ፡ ኢየሱስ ፡ ሞዓ ፡ ዓምደ ፡ ሃይማኖት ፡ ግሩም ፤ ውስተ ፡ ቤተ ፡ መቀደስ ፡ ቀውም ። ወማኅቶተ ፡ እሳት ፡ ሥርግው ፡ ዘዲበ ፡ ተቀ*ዋም ፡ ዝውእቱ ፡ ኢየሱስ ፡ ሞዓ ፡ ማየ ፡ ሕይወት ፡ ዘይውሕዝ ፡ እመ [* A f. 6v] ንበረ ፡ ክሣዱ ፡ ነድ ፡ ለአስውዮ[1] ፡ ዘርአ ፡ ሃይማኖት ፡ በልበ ፡ ውሉድ ፤ ዝውእቱ ፡ ኢየሱስ ፡ ሞዓ ፡ ዘተለወ ፡ አሠሮሙ ፡ ለነቢያት ፡ ሰባክያን ። ወለ ሐዋርያት ፡ ላዕካን[2] ። ለሰማዕታት ፡ መዋዕያን ፡ ወለጻድቃን ፡ መስተጋድላን ፤ ለደናግል ፡ ንጹሓን ፡ ወለመነኮሳት ፡ ፍጹማን ። ዝውእቱ ፡ ኢየሱስ ፡ ሞዓ ፡ እ ምአንባሬ ፡ ባሕር ፡ ዘኢተሞዓ ፤ አላ ፡ ውእቱ ፡ ሞዓ ፤ ወበመዊዖቱ ፡ ረከበ ፡ ፍግዓ ። ጸሎቱ ፡ ክዛሊት ፡ ዘቀውምት ፡ በኀበ ፡ እግዚአ ፡ መናፍስት ፡ ተሀ ሉ ፡ ላዕለ ፡ ዛቲ ፡ ምኔት ፡ አሜን ፡ ወአሜን ፡ ለይኩን ፡ ለይኩን ።

መፍትው ፡ ለነ ፡ ኦአኃው ፡ ንንግር ፡ ዕበዮ ፡ ወኂሩቶ ፡ ወቀ*ድስናሁ ፡ ለ [* A f. 7r] ብፁዕ ፡ ወለቅዱስ ፡ መስተጋድል ፡ አቡነ ፡ ኢየሱስ ፡ ሞዓ ፡ በኵሉ ፡ ግብሩ ፡ ዘኮነ ፡ ማኅደረ ፡ ለመንፈስ ፡ ቅዱስ ፡ ከመ ፡ ሳሙኤል ፡ ዘሐይወ ፡ እምንእሱ ፡ ውስተ ፡ ቤተ ፡ እግዚአብሔር ፡ በላዕለ ፡ ቅዱሳኒሁ ። እስመ ፡ መንክረ ፡ ወ መድምመ ፡ ይገብር ፡ በእደዊሆሙ ፡ ለእለ ፡ ይፈርህዎ ። ወያርኢ ፡ በላዕሌ ሆሙ ። ኂሩቶ ። ወፍቅሮ ፡ ወየዓብጦሙ ፡ ከመ ፡ ይጹሩ ፡ መስቀሎ ፡ ከመ ፡ ኢይኅድጉ ፡ ተሊዎቶ ፡ ዘይቤ ፡ አርአትየኒ ፡ ሠናይ ፡ ወፆርየኒ ፡ ቀሊል ። ወካዕበ ፡ ይቤ ፡ ሎሙ ፡ በውስተ ፡ ወንጌሉ ፡ አልቦ ፡ ዘይእኅዝ ፡ ዕርፈ ፡ ወየ ኀርስ ፡ ድኅሬተ ፡ ኩኒኬ ፡ ከመ ፡ ገብር ፡ * ኄር ። ወምዕመን ፡ ዲበ ፡ ውኁድ ፡ [* B f. 2v] ዘሢሞ ፡ እግዚኡ ። ወካዕበ ፡ ሶበ ፡ በውኁ*ድ ፡ ምዕመነ ፡ ኮነ ፡ ይሰየም[3] ፡ [* A f. 7v] ዲበ ፡ ብዙኅ ፡

ወዘንተ ፡ አርአተ ፡ ነሢኦሙ ፡ ቅዱሳኒሁ ፡ ለልዑል ፡ ተለዐሉ ፡ እምቀደ ምቶሙ ፡ ወሞኡ ፡ ፀሮሙ ፡ ወአድምዑ ፡ ተስፋሆሙ ፡ ዘአሰፈዎሙ ፡ ኮኑ ፡ ከመ ፡ ገብር ፡ ኄር ፡ ወሞዕዎ ፡ ለቀዳሚ ፡ ተግባር ፡ ኮኑ ፡ ከመ ፡ ኅፅ ፡ ዘአ ሰንዎ ፡ በእሳት ፡ ወነደፍዎ ፡ ለገባሬ ፡ እኪት ፡ ኮኑ ፡ ከመ ፡ ርግብ ፡ በየውሃት ፡ ወተጠበቡ ፡ እምአርዌ ፡ ምድር ፡ በስነ ፡ ትእግሥት ፡ ኮኑ ፡ ነዳያነ ፡ በእንተ ፡ ጽድቅ ። ወኮኑ ፡ ብዑላነ ፡ በኀበ ፡ መኰንነ ፡ ጽድቅ ። ኮኑ ፡ ጽሉላነ ፡ በዝየ ፡

[1] B ለአስትዮ ፡ — [2] B ሰባክያን ፡ — [3] (B)] A ይሠይም ፡

ወተጸገዉ ፡ በኀበ ፡ አቡሆሙ ፡ ክብረ ፡ ዓቢየ ። ኮኑ ፡ መፍቀርያነ ፡ ንዴት ።
ወኮኑ ፡ ብዑላነ ፡ በኀበ ፡ አቡሆሙ ፡ ዘበሰማያት ፡ ኮኑ ፡ ርኁባነ ፡ በእንተ ፡
* A f. 8 r ክር*ስቶስ ፡ ከመ ፡ ይጽገቡ ። አመ ፡ ምስሌሆሙ ፡ ይነግሥ ፡ በአማን ፡ መን
ክ[ር] ፡ እግዚአብሔር ፡ በላዕለ ፡ ቅዱሳኒሁ ። ወእሙንቱኒ [1] ፡ አንከርዎ ፡ ወ
ተጸመድዎ ፡ ወለዓለምሰ ፡ ኃላፌ ፡ ወጸልዕዎ ፡ ወኢተቀንዩ ፡ ሎቱ ፤ ወኮኑ ፡
ወዓሌ ፡ ለልዑል ፡ በሕይወቶሙ ፡ ወመጠው ፡ ነፍሶሙ ፡ ለሞት ፡ በእንተ ፡
ጽድቅ ፡ ወሕይወት ። ሐሙ ፡ ርኀቡ ፡ ጸምዑ ፡ ወተመንደቡ ፡ ዘኢይደልዎ ፡
ለዓለም ፡ ረከቡ ። ወዔሉ ፡ ውስተ ፡ አድባር ፡ ወበአታት [2] ፡ ወግበበ ፡ ም
ድር ፡ በዘብድወ ፡ ጠሊ ፡ ወበሐሜለት ፡ እስመ ፡ ኵሎሙ ፡ እለ ፡ ዘበምድ
ር ፡ ይሄልዉ ፡ አጥረዩ ፡ ክብረ ፡ ዘኢይበቍዖሙ [3] ፡ ወቅዱሳኒሁሰ ፡ ለልዑል ፡
* A f. 8 v በአማን ፡ ሀለዩ ፡ ክብረ ፡ ወስብሐተ ፡ ወሕሊናሆሙሰ ፡ ሱ*ርርት ፡ ይእቲ ።
በኵሎሐ ፡ ሃይማኖት ፡ ወምክሮሙኒ ፡ ለዓለም ፡ ወለትውልደ ፡ ትውልድ ፡ ይ
ነብር ፡ ወይሄሉ ፤ እስመ ፡ ምክር ፡ እምሕሊና ፡ ውእቱ ፡ ክቡር ፡ ሞቶሙ ፡
ለጻድቃን ፡ በቅደመ ፡ እግዚአብሔር ። እስመ ፡ እሙንቱኒ [4] ፡ አክበርዎ ፡ በ
ሕይወቶሙ ፡ ወዝክሮሙኒ ፡ ኢይጠፍዕ ፡ ለዓለም ፡ እስመ ፡ አስተሐቀ
ርዎ ፡ ወጸልዕዎ ፡ ለዝንቱ ፡ ዓለም ፡ ኃላፊ ፡ ለእሙንቱኬ ፡ ክቡር ፡ ሞቶሙ ፡
በቅድመ ፡ እግዚአብሔር ፡ ወስብሐቲሆሙኒ ፡ ክቡር ፡ ፈድፋደ ፡ ከመ ፡ ስ
ብሐቲሁ ፡ ለእግዚአብሔር ፡ ወውዱስ ፡ በኀበ ፡ ሰማያውያን ፡ ወምድራውያን ፡
በከመ ፡ ይብል ፡ መጽሐፍ ፡ ዝክረ ፡ ጻድቅ ፡ በውዳሴ ።

* A f. 9 r ወተጼወወኒ ፡ ሕሊ*ናየ ፡ ኀበ ፡ካልዕ ፡ ነገር ፡ ከመ ፡ ኢይዜኑ ፡ ሀገረ ፡
* B f. 3 r ሙላዱ ፡ ለኢየሱስ ፡ ሞዓ ፡ ወእ*ምድኅረ ፡ ተወልዶሂ ፡ ዘገብረ ፡ ለአምላከ ፡
ብርሃን ፡ ፈቃዶ ። በጾም ፡ ወበጸሎት ፡ ከመ ፡ ተጸምዶ ፡ ንጽሐ ፡ ወኂሩተ ፡
በአፈድፍዶ ። እስመ ፡ ዜና ፡ ጻድቅ ፡ አዳም ፡ ከመ ፡ ስቴ ፡ ወይን ፡ ዘዓቀ
ም ፡ ወሀገረ ፡ ሙላዱሰ ፡ ከመዝ ፡ ውእቱ ፡ ስማ ፡ ዳኅና ፡ እምኵናነ ፡ በ
ጌምድር [5] ።

ወሀለዉ ፡ ውስተ ፡ ይእቲ ፡ ሀገር ፡ ፯መሃይምን ፡ ወመሐይምንት ። ወቅዱ

[1] B ወእሙንቱሂ ፡ — [2] B ወበዓት ፡ — [3] B ዘኢይደልዎሙ ፡ — [4] B እሙን
ቱሂ ፡ — [5] (B)] A በጊዜ ፡ ምድር ፡ (corrupte)

ሰን ፡ እሙንቱ ፡ በኀበ ፡ እግዚአብሔር ፡ ወክቡራነ ፡ ዘመድ ፡ እሙንቱ ። ወመሐይምንሰ[1] ፡ ዘንቤ ። ዝውእቱ ፡ ዘክርስቶስ ። ወመሐይምንትኒ ፡ ዘንቤ ፡ ዛቲ ፡ ይእቲ ፡ እግዚእ ፡ ክብራ ፡ ብእሲቱ ፡ * ለዘክርስቶስ (* A f. 9 v) ፡ ወጻድቃን ፡ እሙንቱ ፡ በቅድመ ፡ እግዚአብሔር ። ወይጸመዱ ፡ ታሕተ ፡ አርዑተ ፡ ትእዛዙ ፡ ለልዑል ፡ ሌሊተ ፡ ወመዓልተ ፡ ጽባሐ ፡ ወምሴተ ፡ ቀትረ ፡ ወሰዓተ ። ወቦሙ ፡ ሞገሠ ፡ በኀበ ፡ ሰማያውያን ፡ ወምድራውያን ፡ ወፍጹማን ፡ እሙንቱ ፡ በሃይማኖተ ፡ ክርስቲያን ፡ ወኵሎ ፡ አሚረ ፡ ይገይሱ ፡ ኀበ ፡ ⌈ቤተ ፡ እግዚአብሔር[2] ። ወይስእልዎ ፡ ለአምላኮሙ ፡ ከመ ፡ የሀቦሙ ፡ ፍሬ ፡ ሠናየ ፡ ወቡሩከ ፡ ወልደ ፡ ዘያስተፌሥሖሙ ፤ ወይገብር ፡ ተዝካሮሙ ፡ ወይገኒ ፡ ለአምላከ ፡ እስራኤል ፡ ወይበጽዑ ፡ ብፅዓተ ፡ ለእግዚአብሔር ። ወይገብሩ ፡ ተዝካረ ፡ ጻድቃን ፡ ወሰማዕት ፡ ወተዝካረ ፡ ነቢያት ፡ ወሐዋርያት ። ወ*ተዝካረ (* A f. 10 r) ፡ ኵሎሙ ፡ ቅዱሳን ። ወፈድፋደሰ ፡ ተዝካረ ፡ በዐለ ፡ ለእግዚእነ ፡ ኢየሱስ ፡ ክርስቶስ ፡ ለዘክርቱ ፡ ይደሉ ፡ ሰጊድ ። ወተዝካረ ፡ እሙ ፡ ንጽሕት ፡ ወቅድስት ፡ ወድንግል[3] ፡ እግዝእትነ ፡ ማርያም ፡ ዘይቤላ ፡ ወልዳ ፡ ዘገብረ ፡ ተዝካረኪ ፡ ወዘጸውዓ ፡ ስማኪ ፡ እሁቦ ፡ በከመ ፡ ሀለየ ፡ ወዘከመ ፡ ፈቀደ ፡ ልቡ ። ወዘንተ ፡ ነገረ ፡ ሰሚዖሙ ፡ ይገብሩ ፡ እሙንቱ ፡ ጻድቃን ፡ ከመ ፡ የሀቦሙ ፡ ውሉደ ፡ በከመ ፡ ይቤ ፡ መጽሐፈ ፡ መዝሙር ፡ ናሁ ፡ ጸጋሁ ፡ ለእግዚአብሔር ፡ ዕሤተ ፡ ፍሬሃ ፡ ለከርሥ ። ወይቤሉ ፡ ኵሎ ፡ አሚረ ፡ ፈቃደ ፡ እግዚአብሔር ፡ ለይኩን ፡ ላዕሌነ ።

ወእምድኅረዝ ፡ ሰም[ዐ] ፡ እግዚአብሔር ፡ ጸሎቶሙ ፡ ወስእለቶሙ ፡ * ወምጽዋቶሙ (* A f. 10 v) ፡ ወፈነወ ፡ መልአኮ ፡ ገብርኤልሃ ፡ ሀቤሆሙ ። ወመጺኦ ፡ ዝኩ ፡ መልአክ ፡ ይቤሎ ፡ ለዘክርስቶስ ፡ አቡሁ ፡ ለኢየሱስ ፡ ሞዓ ፡ በጽሐ ፡ ጸሎትከ ፡ ኀበ ፡ እግዚአብሔር ፡ ወዓርገ ፡ ስእለትከ ፡ ውስተ ፡ ሰማይ ። ወከማሁ ፡ ይቤላ ፡ ⌈ለእግዚእ ፡ ክብራ[4] ፡ ብእሲቱ ፡ በጽሐ ፡ ገዓርኪ ፡ ወብካይኪ ፡ ወፈጸመ ፡ ለኪ ፡ እግዚአብሔር ፡ ጻሕቀኪ ። ወዘንተ ፡ ብሂሎ ፡ ዓ*ርገ (* B f. 3 v) ፡ መልአክ ፡ እግዚአብሔር ፡ ውስተ ፡ ሰማይ ። ወእምዝ ፡ ወሀቦሙ ፡ እግዚአብሔር ፡

[1] (B)] A ወመሐይምናንሰ ፡ (corrupte) — [2] B ቤተ ፡ ክርስቲያን ፡ — [3] B ድንግል ፡ በ፪ ፡ — [4] (B)] A ለእግዚአብሔር ፡ (corrupte)

፲ውሉደ ፡ ስሙ ፡ ለ፮ኢየሱስ ፡ ሞዓ ፡ ወለካልዑ ፡ ገብረ ፡ ጽዮን ፡ ወለሣልሱ ፡ ስቡሐ ፡ አምኩ ፡ ወልህቁ ፡ እሙንቱ ፡ በሠናይ ፡ ልህቀት ፡ እንዘ ፡ መንፈስ ፡ * A f. 11 r ቅዱስ ፡ የዓቅቦሙ ፡ በኵሉ ፡ ፍናዊሆሙ ፡ ወለኢየሱስ ፡ ሞዓሰ ፡ * ኮነ ፡ ዕለተ ፡ ቊጽረቱ ፡ አመ ፡ ፳ወ፯ለነሐሴ ፡ ወዕለቱሂ ፡ ዕለተ ፡ ሰኑይ ። ወኮነ ፡ ዕለተ ፡ ልደቱ ፡ አመ ፡ ፳ወ፯ለወርኃ ፡ ግንቦት ፡ ወዕለቱሂ ። ዕለተ ፡ ረቡዕ ፡ በ[1] ፡ ፷፻ወ፯፻ወ፯አመት ፡ እምፍጥረተ ፡ ዓለም ። አመ ፡ መንግሥቱ ፡ ለዛጌ ፡ ⸢ወበቀመር ፡ ፲ወ፩ቀመር[2] ፡ ወተረፈ ፡ ቀመሩሂ[3] ፡ ፲፻፳ወ፩[4] ፡ አመት ።

ወተሐጽነ ፡ አቡነ ፡ ኢየሱስ ፡ ሞዓ ፡ በሠናይ ፡ ሐጽነት ፡ ውስተ ፡ ቤተ ፡ አቡሁ ፡ እንዘ ፡ ይትሜሀር ፡ ኵሎ ፡ ጥበበ ፡ ወያጸነግል ፡ መጻሕፍተ ፡ ሐዲሰ ፡ ወብሉየ ፤ ወይገብር ፡ ኵሎ ፡ ሠናያተ ፡ ወይዜክር ፡ ዕለተ ፡ ሞቱ ፡ ወሐልፈታ ፡ ለዛቲ ፡ ዓለም ። ወይምዕዳ ፡ ለነፍሱ ፡ ወይበኪ ፡ መዓልተ ፡ ወሌሊ * A f. 11 v ተ ፡ ወያውሕዝ ፡ አንብዓ[5] ፡ እምአዕይንቲሁ ። ወበከመዝ ፡ * ግብር ፡ ነበረ ፡ ፴አመተ ፡ በቅድስና ፡ ⸢ወበንጽሐ ፡ በቤተ[6] ፡ አቡሁ ፡ ወእሙ ።

ወበአሐቲ ፡ ዕለት ፡ አስተርአዮ ። መልአከ ፡ እግዚአብሔር ፡ ዘስሙ ፡ ገብርኤል ፡ በሌሊት ፡ ለአቡነ ፡ ኢየሱስ ፡ ሞዓ ፡ ወጸውዖ ፡ ሥልሰ ፡ ወይቤሎ ፡ ፃዕ ፡ እምቤተ ፡ አቡከ ፡ ወሑር ፡ ሀገረ ፡ ዳሞ ፡ ኀበ ፡ አባ ፡ ዮሐኒ ፡ ሰብእ[7] ፡ መምሕር ፡ ወበህየ ፡ ትትቀነይ ፡ ለእግዚአብሔር ። ወትከውን ፡ ላእከ ፡ ኄረ ፡ ወቡሩከ ። ወአሐተ ፡ ዕለተ ፡ እንዘ ፡ ይነውሙ ፡ አቡሁ ፡ ወእሙ ፡ ወአዝማዲሁ ፡ ወጽአ ፡ ኢየሱስ ፡ ሞዓ ፡ ባሕቲቱ ። ወሖረ ፡ ርሑቀ ፡ ፍኖተ ። ወበጽሐ ፡ ውስተ ፡ ቤተ ፡ ክርስቲያኑ ፡ ለቅዱስ ፡ ሚካኤል ፡ ሊቀ ፡ መላእክት ፡ ወኃደረ ፡ ኵላ ፡ ሌሊተ ፡ እንዘ ፡ ይጼሊ ፡ ወያስተበቍዕ ፡ ኀበ ፡ * A f. 12 r እግዚአብሔር ፡ በልብ ፡ ትሑት ፡ ወበመንፈስ ፡ ቀጥቁጥ ። * ወበህየ ፡ ሀሎ ፡ ብእሲ ፡ ዲያቆን ፡ ፩ዘስሙ ፡ ይምጻእ ፡ ምሕረት ፡ ወፈራሂ ፡ እግዚአብሔር ፡ ውእቱ ፡ ወየኃድር ፡ ውስተ ፡ ውእቱ ፡ ብሔር ። ወአስተርአዮ ፡ መልአከ ፡ እግዚአብሔር ፡ ዘስሙ ፡ ገብርኤል ፡ እንዘ ፡ ሌሊት ፡ ውእቱ ፡ ወይቤሎ ፡ ይምጻእ ፡ ምሕረት ፡ ፲ጊዜ ፡ ወሶበ ፡ ይቤሎ ፡ ከመዝ ፡ ነቅሐ ። ወእምዝ ፡ ኖመ ፡

[1] B om. — [2] B ወበቀመር ፡ ፲ወበቀመር ፡ (corrupte) — [3] B ቀመር ፡ — [4] A, B ፩፻፳ወ፩ (corrupte) — [5] B ማየ ፡ — [6] (B)] A ወበንጽሐ ፡ ቤተ ፡ (sic) — [7] A, B ሳብእ ፡ (corrupte)

ዳግመ ። ወካዕበ ፡ ጸውዖ ፡ ዳግመ ፡ ወይቤሎ ፡ ይምጻእ ፡ ምሕረት ፡ ፲ጊዜ ፡
ወይቤሎ ፡ መኑ ፡ አንተ ፡ ወይቤ ፡ ውእቱ ፡ መልአክ ። አነ ፡ ውእቱ ፡ ገብር
ኤል ፡ ወሀለየ ፡ ውእቱ ፡ ዲያቆን ፡ እንዘ ፡ ይብል ፡ ሰብእኑ ፡ ዘይትናገረኒ ።
ወሚመ ፡ ውእተ ፡ መልአክ ፡ ወእንዘ ፡ ዘንተ ፡ ይሄሊ ፡ ከመዝ ፡ በልቡ ።
ወሠለሰ ፡ ጸውዖ ፡ ወይቤሎ ፡ ይምጻእ ፡ ምሕረት ፡ ፲ጊዜ ፡ ከመ ፡ ቀዳሚ ፡
ወይቤ ፡ ነየ ፡ አነ ፡ ወይ*ቤሎ ፡ ** አነ ፡ ውእቱ ፡ ገብርኤል ፡ መልአክ ፡ ዘ * A f. 12 v ** B f. 4 r
እከውም ፡ ቀድመ ፡ እግዚአብሔር ። ወይእዜኒ ፡ ተንሥእ ፡ ፃዕ ፡ እምቤተ ፡
አቡከ ፡ ወሑር ፡ ኀበ ፡ ቀዱስ ፡ ወብፁዕ ፡ ብእሴ ፡ እግዚአብሔር ፡ አባ ፡
ኢየሱስ ፡ ሞዓ ፡ ወልደ ፡ ብእሲ ፡ ጻድቅ ፡ ዘክርስቶስ ፡ ወሑር ፡ ምስሌሁ ፡
ከመ ፡ ትኩን ፡ መነኮሰ ። ወፍጹመ [1] ፡ በጸጋ ፡ ወጽድቅ ፡ ወውእቱሰ ፡ ኢየ
ሱስ ፡ ሞዓ ፡ ሀሎ ፡ ውስተ ፡ ⌜ቤተ ፡ ክርስቲያነ ፡ ቀዱስ [2] ፡ ሚካኤል ፡ ሊቀ ፡
መላእክት ፡ ይቀውም ፡ ወይጼሊ ። ወያስተበቍዕ ፡ ኀበ ፡ እግዚአብሔር ፡ አ
ምላኩ ፡ ወሶበ ፡ ነገሮ ፡ ዘንተ ፡ ነገረ ፡ ውእቱ ፡ መልአከ ፡ እግዚአብሔር ፡
ገብርኤል ፡ ወበጊዜሃ ፡ ወፅአ ፡ ፍጡነ ፡ ወሖረ ፡ ውእቱ ፡ ዲያቆን ። ወበጽ
ሐ ፡ ውስተ ፡ ቤተ ፡ ክርስቲያነ ፡ ቀዱስ ፡ ሚካኤል ፡ ወበህየ ፡ ረከቦ ፡ ለብፁ
ዕ ፡ ወለቀዱስ ፡ ብ*እሴ ፡ እግዚአብሔር ፡ አባ ፡ ኢየሱስ ፡ ሞዓ ፡ እንዘ ፡ * A f. 13 r
ይቀውም ፡ ወይጼሊ ። ወያስተበቍዕ ፡ ኀበ ፡ እግዚአብሔር ፡ አምላኩ ፡ በ
ልብ ፡ ትሁት ፡ ወበመንፈስ ፡ የዋህ ። በከመ ፡ ነገሮ ፡ መልአከ ፡ እግዚአብ
ሔር ፡ ገብርኤል ፡ ዘተፈነወ ፡ ኀቤሁ ፡ ወበጊዜሃ ፡ ተራከቡ ፡ ወተአምኁ ፡ በ
በይናቲሆሙ ፡ ወተጻገው ፡ ሰላመ ፡ ወኀደሩ ፡ ፩ሆሙ ፡ ውስተ ፡ ቤተ ፡ ክር
ስቲያን ፡ እንዘ ፡ ይዜያነው ፡ ዕበያቲሁ ፡ ለእግዚአብሔር ፡ ወይጼልዩ ፡ ወያ
ስተበቍዑ ፡ ኵሎ ፡ ኑሃ ፡ ሌሊት ፤ ወሶበ ፡ ጸብሐ ፡ ወፅኡ ፡ ወሖሩ ፡ ብሔረ ፡
ርኁቀ ። ወበጽሑ ፡ ውስተ ፡ ብሔረ ፡ ደብረ [3] ፡ ዳሞ ፡ ኀበ ፡ ይነብር ፡ ቀ
ዱስ ፡ ወብፁዕ ፡ አባ ፡ ዮሐኒ ፡ ብእሲ ፡ ጻድቅ ፡ ወፈራሄ ፡ እግዚአብሔር ።
ወሶበ ፡ በጽሑ ፡ ቀድሜሁ ፡ ወተአምኆ ፡ በአምኃ ፡ መንፈሳዊት ፡ * ወሶበ ፡ * A f. 13 v
ተአምኆ ፡ ሐተቶ ፡ ቀዱስ ፡ አባ ፡ ዮሐኒ ፡ ወይቤሎ ፡ ወልድየ ፡ ኀበ ፡ ምንት ፡
መጻእከ ፡ ዝየ ፡ ወአውሥአ ፡ ቀዱስ ፡ ብእሴ ፡ እግዚአብሔር ፡ አቡነ ፡ ኢየ

[1] B ወፍጽመ ፡ (corrupte) — [2] B ቤተ ፡ ክርስቲያን ፡ ዘቀዱስ ፡ — [3] B om.

ሱስ ፡ ሞዓ ፡ ለብፁዕ ፡ አባ ፡ ዮሐኒ ፡ ወይቤሎ ፡ ከመ ፡ እኩን ፡ መነኮሰ ፡ ወ
ከመ ፡ እትለአክ ፡ ለመፍቀደ ፡ መነኮሳት ፡ ዘደብረ ፡ ዳሞ ። ወአውሥአ ፡ አ
ባ ፡ ዮሐኒ ። ወይቤሎ ፡ ትክልኑ ፡ ከማነ ፡ ትኩን ፡ መነኮሰ ፡ ዘነበርከ ፡ ውስተ ፡
ዐቢይ ፡ ፍግዓ ፡ ወተድላ ። ወይቤሎ ፡ በትሕትና ፡ ለአባ ፡ ዮሐኒ ፡ ለእመ ፡
አክሃለኒ ፡ እግዚአብሔር ፡ በሥምረቱ ። ወበጸሎትከ ፡ ውክፍት ፡ እከውን ፡
መነኮሰ ፡ ወበጊዜሃ ፡ ነሥአ ፡ ዘአምጽአ ፡ ኵሎ ፡ ንዋዮ ፡ ወወሀበ ፡ ለካል
ዓን ፡ መነኮሳት ፡ ወለዝንቱስ ፡ ቀዱስ ፡ ብእሴ ፡ እግዚአብሔር ፡ አቡነ ፡ ኢ
* A f. 14 r የሱስ ፡ ሞዓ ፡ ደመሮ ፡ ውስተ ፡ * ማኅረፅ ፡ ⌈ከመ ፡ ይኅርፀ [1] ፡ እስከ ፡ ዕር
በተ ፡ ፀሐይ ። ወሠርዓ ፡ ሎቱ ፡ ጾመ ፡ ወጸሎተ ፡ ዘመንፈቀ ፡ ሌሊት ፡ ም
ስለ ፡ አኃው ፡ መነኮሳት ።

* B f. 4 v ወበዘ*ከመዝ ፡ ግብር ፡ ነበረ ፡ እንዘ ፡ ይተግህ ፡ ወየኃድር ፡ ምስለ ፡ አኃ
ው ፡ መነኮሳት ፡ ብዙኃ ፡ መዋዕለ ። ወሶበ ፡ ጸብሐ ፡ የሐውር ፡ ኀበ ፡ ግብሩ ፡
ከመ ፡ ይኅርፅ ፤ ወካዕበ ፡ አዘዞ ፡ መምሕሩ ፡ አባ ፡ ዮሐኒ [2] ፡ ከመ ፡ ይሑር ፡
ውስተ ፡ ንግድ ፡ ከመ ፡ ያድክም ፡ ሥጋሁ ፡ በሐዊረ ፡ ፍኖት ። ወበጊዜሃ ፡
ወፅአ ፡ ወሖረ ፡ ብሔረ ፡ ርኁቀ ፡ ከመ ፡ ይንግድ ። በከመ ፡ አዘዞ ፡ መምሕ
ሩ ፡ አባ ፡ ዮሐኒ ፡ ወእንዘ ፡ የሐውር ፡ ፍኖቶ ፡ ረከብዎ ፡ ፈያት ፡ ብዙኃን ፡
ወነሥኡ ፡ ስንቆሂ [3] ፡ ወልብሶሂ ፡ ወዘበጥዎ ፡ ዐቢየ ፡ ዝብጠተ ። ወነሥኡ ፡
* A f. 14 v ዓዲ ፡ ኵናተ ፡ ከመ ፡ ይርግዝዎ ፡ ወፈቀዱ ፡ ከመ ፡ ይቀ*ትልዎ ። ወውእቱ
ሰ ፡ ቀዱስ ፡ ብእሴ ፡ እግዚአብሔር ፡ አቡነ ፡ ኢየሱስ ፡ ሞዓ ፡ አድነነ [4] ፡ ር
እሶ ፡ እምእለ ፡ ይረግዝዎ ። ወይቤሎሙ ፡ ቀትሉኒ ፡ በእንተ ፡ ክርስቶስ ፡ አ
ምላኪየ ። እስመ ፡ ውእቱ ፡ ተሰቅለ ፡ በእንቲአየ ፡ ወተቀትለ ። ወሶበ ፡ ርእ
ይዎ ፡ እሙንቱ ፡ ፈያት ፡ እንዘ ፡ ያደንን ፡ ክሣዶ ፡ ወርእሶ ፡ ውእተ ፡ ጊዜ ፡
ኃደግዎ ፡ ወአንከሩ ፡ ወአስተአፀቡ ፡ ትእግሥቶ [5] ፤ ወእምዝ ፡ አግብኡ ፡ ሎ
ቱ ፡ ስንቆ ፡ ወልብሶ ፡ ዘነሥኡ ፡ እምኔሁ ፡ ወኢያትረፉ [6] ፡ ምንተኒ ፡ እምን
ዋዩ ፡ ዘፈየትዎ ።

ወተግህሠ ፡ እምህየ ፡ ወሖረ ፡ ካልአ ፡ ፍኖቶ ፡ ወርኅቀ ፡ ብሔረ ፡ ርኁቀ ።

[1] B om. — [2] B add. መምሕሩ ፡ — [3] B ስንቆን ፡ (sic) — [4] (B)] A አድኅነነ ፡ (sic) — [5] B ትእግሥት ፡ — [6] B add. እምኔሁ ፡

ወነበረ ፡ እንዘ ፡ ይነግድ ፡ ብዙኃ ፡ መዋዕለ ፡ ወበሥምረቱ ፡ ለእግዚአብሔ
ር ፡ በጽሐ ፡ ኀበ ፡ መምሕሩ ፡ አባ ፡ ዮሐኒ ፡ ወእምድኅረ ፡ በጽሐ ፡ ወሀቦ ፡
ለመምሕሩ ፡ አባ ፡ ዮሐኒ [1] ፡ *ንዋየ ፡ ዘነበረ ፡ እንዘ ፡ ይነግድ ። ወሶቤሃ ፡ * A f. 15 r
ዳግመ ፡ አዘዘ ፡ ከመ ፡ ይሑር ፡ ካዕበ ፡ ውስተ ፡ ንግድ ፡ ከመ ፡ ኢያእርፍ ፡
ሥጋሁ ። ወይቤልዎ ፡ እሙንቱ ፡ መነኮሳት ፡ እለ ፡ ነበሩ ፡ ምስሌሁ ፡ ለብፁ
ዕ ፡ ወለቅዱስ ፡ ብእሴ ፡ እግዚአብሔር ፡ አባ ፡ ዮሐኒ ፡ ኅድጎ ፡ ለዝንቱ ፡ ብ
እሲ ፡ አባ ፡ ኢየሱስ ፡ ሞዓ ፡ ከመ ፡ ያዕርፍ ። ንስቲተ ። ወይቤሎሙ ፡ አባ ፡
ዮሐኒ ፡ ለእሙንቱ ፡ መነኮሳት ። ኢሰማዕክሙኑ ፡ ዘይቤ ፡ መንፈስ ፡ ቅዱስ ፡
በአፈ ፡ ዳዊት ፡ ንጉሥ ፡ መሰንቃዊ ፡ ዘጻመወ ፡ በዓለም ፡ የሐዩ ፡ ለዝሉፉ ፡
ለእመ ፡ አዕረፈ ፡ በዝንቱ ፡ ዓለም ፡ ኢይረክብ ፡ ዕረፍተ [2] ፡ በሰማያት ። ወሶ
በ ፡ ሰምዓ ፡ ዘንተ ፡ ነገረ ፡ አቡነ [1] ፡ ኢየሱስ ፡ ሞዓ ፡ እምአፈ ፡ መምሕሩ ፡
አባ ፡ ዮሐኒ ፡ አውሥአ [3] ፡ በፍሥሐ ፡ ዐቢይ ፡ ወበብዙኅ ፡ ፃሕ*ቀ ፡ ወበገ * A f. 15 v
ቢረ ፡ ሠናይ ። ወይቤ ፡ ይኩን ፡ በከመ ፡ ትቤ ፡ ለሊከ ፡ ወውእተ ፡ ጊዜ ፡ ወ
ጽአ ፡ ወሖረ ፡ ውስተ ፡ ንግድ ፡ በከመ ፡ ልማዱ ። ወእንዘ ፡ የሐውር ፡ በፍ
ኖት ፡ በጽሐ ፡ ፀሐይ ፡ ⌜ወተቈልቈለ ፡ ለዓረብ ፡ ውስተ ፡ ምዕራቢሁ ፡ ወመ
ስየ ፡ ውእቱ ፡ ብሔር ፡ ወሶበ ፡ ዓርበ ፡ ፀሐ*ይ [4] ፡ ቦቱ ፡ ለአቡነ ፡ ኢየሱስ ፡ * B f. 5 r
ሞዓ ፡ ወእምዝ ፡ ሖረ ፡ አቡነ ፡ ኢየሱስ ፡ ሞዓ ፡ ኀበ ፡ ፩ብእሲ ፡ ባዕል ፡ ጥ
ቀ ፡ ወድሩክ ፡ ውእቱ ፡ ብእሲሁ ፡ ውእቲ ፡ ባዕል ፡ ዘሀሎ ፡ ውስተ ፡ ውእ
ቱ ፡ ብሔር ፡ ከመ ፡ ብእሲ ፡ ባዕል ፡ ዘሀሎ ፡ በውስተ ፡ ወንጌል ። ወእምዝ ፡
ነበረ ፡ ውስተ ፡ ዴ[ዴ]ሁ ፡ ለውእቱ ፡ ባዕል ። ወይቤሎ ፡ አቡነ ፡ ኢየሱስ ፡
ሞዓ ፡ አኅድረኒ ፡ ውስተ ፡ ቤትከ ፡ በእንተ ፡ እግዚአብሔር ፡ ወውእቱሰ ፡ እ
ኩየ ፡ ምግባር ፡ ውእቱ ፡ ኢተወክፎ ፡ ወኢምንተኒ ፡ ወኢተናገሮ ፡ ሰላመ ፡
ወኢያብኦ ፡ ውስተ ፡ ቤቱ ፡ ወኢያኅደሮ ። ⌜ወብእሴ ፡ *እግዚአብሔርሰ [5] ፡ * A f. 16 r
አቡነ ፡ ኢየሱስ ፡ ሞዓ ፡ ኃደረ ፡ አፍአ ፡ ውስተ ፡ ቍር ፡ በረኀብ ፡ ወበጽም
ዕ [6] ። ወሶበ ፡ ጸብሐ ፡ ብሔር ፡ ይቤሎ ፡ አቡነ ፡ ኢየሱስ ፡ ሞዓ ፡ ለውእቱ ፡
ባዕል ፡ ለምንት ፡ አኅደርከኒ ፡ በአፍአ ፡ ኪያየ ፡ ነዳየ ፡ ወምኑነ ፡ ብእሴ ።

[1] B om. — [2] (B)] A ዕፍረተ ፡ (corrupte) — [3] B አውሥኦ ፡ — [4] (B)] A om. — [5] B ወእግዚአብሔርሰ ፡ (corrupte) — [6] B ወጽምዕ ፡

ወይቤሎ ፡ ውእቱ ፡ ባዕል ፡ ወድሩክ ። ዘአልቦቱ ፡ ኂሩት ፡ በልቡናሁ ፡ ወለእመ ፡ ሰምዓከ ፡ እግዚአብሔር ፡ በል ፡ ርግመኒ ፡ እስኩ ። ወይቤሎ ፡ ብእሲ ፡ እግዚአብሔር ፡ አቡነ ፡ ኢየሱስ ፡ ሞዓ ፡ ዘአፍቀርካ [1] ፡ ለመርገም ፡ ለትምጻእከ ፡ ወዘዓበይከ [2] ፡ ለበረከት ፡ ወትርኀቅ ፡ እምኔከ ። ወልብሳ ፡ ለመርገም ፡ ከመ ፡ ልብስ ፡ ወትባዕ ፡ ከመ ፡ ማይ ፡ ውስተ ፡ አማዑትከ ። ወከመ ፡ [* A f. 16 v] ቅብዕ ፡ ውስተ ፡ አዕጽምቲከ ። ለትኩንከ ፡ ከመ ፡ ልብስ ፡ ዘትትአ*ጸፍ ፡ ወከመ ፡ ቅናት [3] ፡ ዘትቀንት ፡ ዘልፈ ። ወዘንተ ፡ ብሂሎ ፡ ነገፈ ፡ ጸበለ ፡ እገሪሁ ፡ እንዘ ፡ ይብል ፡ ጸበልከኒ ፡ ዘተለወኒ ፡ እምዴዴ ፡ ቤትከ ፡ ይትነገፍ ፡ ለከ ፡ በከመ [4] ፡ እግዚእነ ፡ በወንጌል ፡ ይቤሎሙ ፡ ለሐዋርያቲሁ ፡ ወለእመ ፡ ኢተወከፉክሙ [5] ፡ ወኢሰምዑ ፡ ነገረክሙ ፡ ሰብአ ፡ ይእቲ ፡ ሀገር ፡ ንግፉ ፡ ጸበለ ፡ እገሪክሙ ። ወእምዝ ፡ ሶበ ፡ ገብረ ፡ ከመዝ ፡ ሶቤሃ ፡ ሖረ ፡ ፍኖቶ ፡ ውስተ ፡ ንግድ ፡ ብእሴ ፡ እግዚአብሔር ፡ አቡነ ፡ ኢየሱስ ፡ ሞዓ ፡ ወእምድኅረ ፡ ሖረ ፡ አቡነ ፡ ኢየሱስ ፡ ሞዓ ፡ መጽአ ፡ ላዕለ ፡ ውእቱ ፡ ባዕል ፡ እቡይ ፡ ፩መኰንን ፡ ኃያል ። ወተፃብኦ ፡ ወተቃተሎ ። ወእምዝ ፡ ወግዖ ፡ ለውእቱ ፡ ባዕል ፡ ዕቡይ ፡ በኵናት ፡ ስሑል ፡ ዘጸረፈ ፡ ላዕለ ፡ አቡነ ፡ ኢየሱስ ፡ [* A f. 17 r] ሞዓ ፡ ወእ*ምዝ ፡ ሞተ ፡ ውእተ ፡ ባዕል ፡ ወቤቶኒ ፡ አውአየ ፡ በእሳት ፡ ወሖረ ፡ ወሞቱኒ ፡ ኮነ ፡ በእኩይ ፡ ሞት ፡ ለውእቱ ፡ ባዕል ። ወእንዘ ፡ ይገብዕ ፡ እምውስተ ፡ ንግድ ፡ ነጸረ ፡ ቤቶ ፡ ለውእቱ ፡ ባዕል ፡ ዕቡይ ፡ ዘውእየ ፡ በእሳት ፡ ወሐተቶሙ ፡ አቡነ ፡ ኢየሱስ ፡ ሞዓ ፡ ለሰብአ ፡ ይእቲ ፡ ሀገር ፡ ወይቤሎሙ ፡ አይቴ ፡ ሀሎ ፡ ወአይቴ ፡ ሖረ ፡ ውእቱ ፡ ባዕል ፤ ወቤቶኒ ፡ እሬ[* B f. 5 v]*ኢ ፡ ውዑየ ፡ ወምዝቡረ ፡ በእሳት ፡ ወይቤልዎ ፡ ሰብአ ፡ ውእቱ ፡ ብሔር ። መጽአ ፡ ፩መኰንን ፡ ዘይሂይሎ ፡ ወተቃተሎ ፡ በዐቢይ ፡ ቀትል ፡ ወሞዖ ። ወእምዝ ፡ ወግዖ ፡ በኵናት ፡ ስሁል ፡ ወሞተ ፡ እኩየ ፡ ሞተ ፡ ወቤቶኒ ፡ አውአየ ፡ በእሳት ፡ በከመ ፡ ትሬኢ ፡ አንተ ፡ ወመቀብርኒ ፡ ነዓ ፡ ርኢ ፡ ዘሀ[* A f. 17 v]ሎ ፡ ጥቀ ፡ መንገድከ ። ወሖረ ፡ አቡነ ፡ ኢየሱስ ፡ ሞዓ ፡ ምስ*ለ ፡ ሰብአ ፡ ይእቲ ፡ ሀገር ፡ ወርእየ ፡ ሶቤሃ ፡ መቃብሮ ፡ ለውእቱ ፡ ባዕል ፡ ዕቡይ ፡ አን

[1] (B)] A ዘአፍቀርከ (corrupte) — [2] (B)] A ወዘዓበይከ ፡ (corrupte) — [3] A, B ቅንዓት ፡ (corrupte) — [4] B add. ይቤ ፡ — [5] A, B ኢተወከፍክሙ ፡ (corrupte)

ከረ ፡ ጥቀ ፡ በእንተ ፡ ዘበጽሐ ፡ መከራ ፡ ወሞት ፡ ለውእቱ ፡ ባዕል ። ወሰብሐ ፡ ለእግዚአብሔር ፡ አምላኩ ፡ ለዓለመ ፡ ዓለም ፡ አሜን ፤

ወአቡነ [1] ፡ ኢየሱስ ፡ ሞዓ ፡ እንዘ ፡ ሀሎ ፡ ውስተ ፡ ንግድ ፡ ተመንደበ ፡ ዐቢየ ፡ ምንዳቤ ። በረኃብ ፡ ወበጽምዕ ፡ በቍር ፡ ወበዕርቃን ፡ በሐፍ ፡ ወበድካም ፡ መዓልተ ፡ ወሌሊተ ፡ በዋዕየ ፡ ፀሐይ ፡ ወበቍር ። እስከ ፡ ሞያሙ ፡ ወአድከሞሙ ፡ ለሰይጣናት ፡ በኃይለ ፡ መንፈስ ፡ ቅዱስ ፡ ዘሀሎ ፡ላዕሌሁ ። ወይቤሉ ፡ እሉ ፡ ሳይጣናት ፡ አይቴ ፡ ነሐውር ፡ ወአይቴ ፡ ንበውዕ ፡ እስመ ፡ ኃጣእነ ፡ ምዕራፈ ፡ ወይወጽእ ፡ እምገጹ ፡ ለውእቱ ፡ ብእሲ ፡ ሐፀ ፡ እሳት ፡ ዘይነድፈነ [2] ፡ ወይበር*ህ ፡ ዓዲ [3] ፡ ገጹ ፡ ከመ ፡ ፀሐይ ። ለዝንቱ ፡ [* A f. 18 r] መስተጋድል ፡ ወመዋዒ ፡ ፍትወት ። ወገባሬ ፡ መንክራት ፡ አቡነ ፡ ክቡር [3] ፡ ኢየሱስ ፡ ሞዓ ፡ ዘኮነ ፡ በኵሉ ፡ ግብሩ ፡ ከመ ፡ እግዚአብሔር ። ወከመ ፡ ኢዮብ ፡ በተእግሥቱ ። ወከመ ፡ አብርሃም ፡ በኂሩቱ ፡ ወአልቦ ፡ ዘይትማሰሎ ፡ በኵሉ ፡ ፍናዊሁ ፡ ወዘንተ ፡ ነገረ ፡ ይቤልዎ ፡ ኵሎሙ ፡ ሰይጣናት ። ወበዘከመዝ ፡ ግብር ፡ ወገድል ፡ ነበረ ፡ ፲ዓመተ ፡ እንዘ ፡ የሐውር ፡ ውስተ ፡ ንግድ ፡ ወእንዘ ፡ ይትለአክ ፡ ለመምሕሩ ፤ ወሠምረ ፡ እግዚአብሔር ፡ በመልእክቱ ። ወበዐቢይ ፡ ፃማሁ ፡

ወዓዲ ፡ ንነግርክሙ ፡ አኃዊነ ፡ ኢይምሰልክሙ ፡ ዘከማነ ፡ ዘይጥእም ፡ ጴወ ፡ ወሚሰ ። እንዘ ፡ ይጸውምሂ ፡ አቡነ ፡ ኢየሱስ ፡ ሞዓ ፡ * በዐቢይሂ ፡ ጾም ፡ [* A f. 18 v] እንዘ ፡ ይጸውም ፡ ጾመ ፡ ወኢይጥእም ፡ ዕክለ ፡ ዘእንበለ ፡ ፪ሰንበት ። ወበ፪ሰንበት ፡ ኢይምሰልክሙ ፡ ከማነ ፡ ዘይትዕም ፡ ዕክለ ፡ አላ ፡ በተሐርሞ ፡ ይጸውም ፡ ወይጥዕም ፡ መሬተ ፡ በአክብሮ ፡ ሰንበት ፡ አላ ፡ ይጸውም ፡ መዓልተ ፡ ወሌሊተ ፡ በትጋህ ፡ በጸሎት ፡ ወበሰጊድ ፡ ወበተሐርሞ ፡ ብዙኅ ፡ አሜን ።

ወበዘከመዝ ፡ ግብር ፡ ወገድል ፡ ነበረ ፡ ፲ዓመተ ፡ ወዝኒ ፡ ፃማ ፡ አኮ ፡ ክቡድ ፡ ኢኮነ ፡ በኀቤሁ ፡ አላ ፡ በኀበ ፡ ካልአን ፡ እለ ፡ ኢይገብሩ ፡ ፈቃዶ ፡ ለእግዚአብሔር ። ውእቱሰ ፡ እስመ ፡ ይዜክር ፡ ፃማሆሙ ፡ ወገድሎሙ ፡ ለቅዱሳን ፡ እለ ፡ እምቅድሜሁ ፡ ሀለዉ ፡ ወይፈ*ቅድ ፡ ይትመሰሎሙ ፡ በኵ [* B f. 6 r]

[1] B ወአቡነሰ ፡ — [2] B ዘይነድፍ ፡ ኪያነ ፡ — [3] B om.

* A f. 19 r ሉ ፡ ግብሩ ፡ ወበምግባሩ ፡ ወሠምረ ፡ እግዚአብሔር ፡ * በኵሉ ፡ ፃማሁ ፡
ወበመልእክቱ ፡ ወበኵሉ ፡ ፍናዊሁ ፡ ዘሖረ ፡ ቦቱን ። ጸሎቱ ፡ ወበረከቱ ፡
ወፃማ ፡ ንግደቱ ፡ ወአስተብቍዖቱ ፡ ወ[ኃ]ይለ ፡ ረድኤቱ ፡ ወገድለ ፡ ፃማሁ ፡
የሀሉ ፡ ላዕለ ፡ ኵሎሙ ፡ አፍሕርቱ ፡ ወላዕለ ፡ ዘአጽሐፈ ፡ ዘንተ ፡ መጽሐ
ፈ ፡ ለዓለመ ፡ ዓለም ፡ አሚን ።

ወበአሐቲ ፡ ዕለት ፡ እመዋዕል ፡ አዘዞ ፡ መምሕሩ ፡ አባ ፡ ዮሐኒ ፡ ለአቡ
ነ ፡ ብእሴ ፡ እግዚአብሔር ፡ ኢየሱስ ፡ ሞዓ ፡ ⌜ከመ ፡ ይምጽእ ፡ ዕፀ ፡ ሆሳ
ዕና ፡ ፱ተ ፡ እመተ ፡ ወአቡነሰ ፡ ኢየሱስ ፡ ሞዓ [1] ፡ እንዘ ፡ ሀለወ ፡ ይእተ ፡
ዕለተ ፡ ውስተ ፡ ጽሙና ፡ ወተሐርምት ፡ በከመ ፡ ልማዱ ። እስመ ፡ ልማዱ
ሰ ፡ ውእቱ ፡ በጾም ፡ ዐቢይ ፡ ወይጸውም ፡ እምሰኑይ ፡ እስከ ፡ ዓርብ ፡ ወኢ
* A f. 19 v ይበልዕ ፡ እክለ ፡ ዘእ*ንበለ ፡ ቀዳሚት ፡ ሰንበት ፡ ወዕለተ ፡ እኁድ ፡ በከመ [2] ፡
ንቤ ፡ ቀዳሚ ። ወዕለቱሰ ፡ ዘአዘዞ ፡ መምሕሩ ። ዕለተ ፡ ዓርብ ፡ ውእቱ ። ድ
ኅረ ፡ ደክመ ፡ አባለ ፡ ሥጋሁ ፡ በጾም [3] ፡ ወበተሐርምት [4] ፡ ወተአዚዞ ፡ ተ
ንሥአ ፡ እምኀበ ፡ መምሕሩ ። ወፅአ ፡ ወሖረ ፡ ርኁቀ ፡ ብሔረ ፡ በድወ ፡
ከመ ፡ ይምጽእ ፡ ዕፀ ፡ ሆሣዕና ፡ ፱እመተ ፡ በከመ ፡ አዘዞ ፡ መምሕሩ ፡
አባ ፡ ዮሐኒ ፡ ወእ[ም]ብዝኃ ፡ ረኃብ ፡ ወድካም ፡ ስእነ ፡ አልዕሎቶ ፡ እምድ
ር ፡ ወበዕፁብ ፡ ግብር ፡ አልዓሎ ፡ እምድር ፡ ወጾሮ ፡ ዲበ ፡ ርእሱ ፡ ወእን
ዘ ፡ የሐውር ፡ በፍኖት ፡ ደክመ ፡ ኃይሉ ፡ ወአባለ ፡ ሥጋሁ ፡ ወመጽለወ ፡
እምዋዕየ ፡ ፀሐይ ፤ ወበኃይለ ፡ እግዚአብሔር ፡ በጽሐ ፡ ታሕተ ፡ እግረ ፡
* A f. 20 r ደብር [5] ፡ ወዓርጋ ፡ በኀብል ፡ መልዕልተ ፡ ደብረ ፡ * ዳሞ ፡ ፀዊሮ ፡ ውእተ ፡
ዕፀ ፡ ሆሣእና ። ወሶበ ፡ በጽሐ ፡ መልዕልተ ፡ ደብር ። ወእምብዝኃ ፡ ድካም ፡
አንጸረረ ፡ ርእሶ [6] ፡ ወወድቀ ፡ ⌜በገጹ ፡ ውስተ ፡ ምድር [7] ። ወሶበ ፡ ስሕተ ፡
እምድካም ፡ ሖረ ፡ ተንሢኦ ፡ እንዘ ፡ ይጸውር ፡ ዕፀ ፡ ሆሣዕና ፡ ኀበ ፡ መ
ምሕሩ ፡ አባ ፡ ዮሐኒ [8] ፡ [ወ]ወሀቦ [9] ፡ ዕፀ ፡ ሆሣዕና ፡ ወዘንተ ፡ ኵሎ ፡ መ
ከራ ፡ ወሕማመ ፡ እምድኅረ ፡ ፆረ ። ጸውዖ ፡ ብእሴ ፡ እግዚአብሔር ፡ አባ ፡

[1] B om. corrupte — [2] B ከመ ፡ — [3] B add. ወጸሎት ፡ — [4] B በትሐርምት ፡ — [5] B ወግር ፡ — [6] B ሥጋሁ ፡ — [7] B ዲበ ፡ ምድር ፡ በገጹ ፡ — [8] B አባ ፡ ኢየሱስ ፡ ሞዓ ፡ — [9] B add. ውዕተ ፡ (sic)

ዮሐኒ ፡ ወአብኦ ፡ ውስተ ፡ ቤተ ፡ ክርስቲያን ፡ ወጸለየ ፡ ላዕሌሁ ፡ በከመ ፡ ይደሉ ፡ ለመነኮሳት ። ወእምድኅረ [1] ፡ አልበሶ ፡ አልባሰ ፡ ምንኩስና ፡ ወአቀነቶ ፡ ውስተ ፡ ሐውቋሁ ፡ ቅናተ ፡ ዘአዲም ፡ ወቅናቱሰ ፡ አርአያ ፡ ድንግልና ፡ ወንጽሕ ፡ ውእቱ ። ወነጸረ ፡ እግዚአብሔር ፡ ላዕለ ፡ ድንግ*ልናሁ ፡ * A f. 20 v ወትሕትናሁ ፡ ወባረኮ ፡ በኵሉ ፡ ግብሩ ፡ ወተመክዓበ ፡ ላዕሌሁ ፡ በረከተ ፡ ኵሎሙ ፡ መነኮሳት ፡ ቅዱሳን ፡ ወአልቦ ፡ እምኔሆሙ ፡ እምነ ፡ * መነኮሳት ፡ * B f. 6 v ዘይቴክዝ ፡ በእንቲአሁ ። እስመ ፡ ሠናየ ፡ ግዕዝ ፡ ውእቱ ፡ በኵሉ ፡ ፍናዊሁ ፡ በከመ ፡ ነገረ ፡ መጽሐፍ ፡ ዘይቤ ፡ ወግዕዝክሙኒ ፡ በማእከለ ፡ አሕዛብ ፡ ሠናይ ፡ ለይኩን ፨

ወዘንተ ፡ ቃለ ፡ ይዜክር ፡ በልቡ ፡ ወባዕደኒ ፡ ቃለ ፡ ዘይመስሎ ፡ ቃለ ፡ መጻሕፍት ፡ ሶበ ፡ ያነብቡ ፨ ወሶበ ፡ ይሰምዕ ፡ ዝክረ ፡ ጻድቅ ፡ የዓወዩ ፡ በልብ ፡ እሙቅ ፡ ወይጽሕፎ [2] ፡ በሰሌዳ ፡ ልቡ ፡ በጻሕቀ ፡ ወሶበ ፡ ይሰምዕ ፡ ዜና ፡ ሰማዕት ፡ ይበኪ ፡ ከመ ፡ ሕፃን ፡ ዘአኅደግዎ ፡ ጥበ ፡ እሙ ፡ ወኢያረምም ፡ እስከ ፡ ይትፌጸም ፡ ዜና ፡ ገድሎሙ ።

* ወውእቱሰ ፡ ሶበ ፡ ይጼሊ ፡ ወሶበ ፡ ይነብር ፡ ወሶበሂ ፡ ይቀውም [3] ፡ ኢይደመስስ ፡ ፍቅረ ፡ ሰማዕታት ፡ ወፍቅረ ፡ ጻድቃን ፡ እምሰሌዳ ፡ ልቡ ። * A f. 21 r እስመ ፡ ውሁየ ፡ ልቡ ፡ በእሳት ፡ አምላካዊ ፡ ወአኮ ፡ በእሳተ ፡ ዓለም ፡ ምድራዊ ። እስመ ፡ ንዱፍ ፡ ልቡ ፡ በአሕፃ ፡ ሰማያት ፡ ወአኮ ፡ ምድራዊት ፨ ዘርሱን ፡ በእግዚአብሔር ፡ ወአኮ ፡ በአሕፃ ፡ መስተቃርን ። እስመ ፡ ልዑል ፡ እምድር ፡ መልዕልተ ፡ ሰማያት ፨ ኀበ ፡ ኀሎ ፡ እንተ ፡ ስቁል ፡ በዕለተ ፡ ዓርብ ። እግዚአብሔር ፡ ጸዋሬ ፡ ቀንዋት ። ወሶበሂ ፡ ይጼሊ ፡ ጊዜ ፡ መንፈቀ ፡ ሌሊት ፡ ይትሌዓል ፡ እምድር ፡ መጠነ ፡ እመት ፡ እስከ ፡ ይገውኅ ፡ ብሔር ፡ ወቦ ፡ እምዕለ*ት ፡ ዕለተ ፡ እስከ ፡ ፲ሰዓት ። * A f. 21 v

ወአሐተ ፡ ዕለተ ፡ እንዘ ፡ ይመትር ፡ ዕፀ ፡ ወጽአ ፡ ማኅፄ ፡ እምዕፀ ፡ ወወረደ ፡ ዲበ ፡ ክሣዱ ፡ ⌜ወሰጠጠ ፡ መልበሰ ፡ እምክሣዱ [4] ፡ እስከ ፡ ሐቌሁ ። ሶበ ፡ አኮ ፡ የማነ ፡ እግዚአብሔር ፡ እም ፡ ኢአቀቦ ፡ እምተወቅየ ፡ ክሣዱ ፡

[1] B እምድኅረ ፡ (sic) — [2] B add. በጽድቅ ፡ — [3] B ይቁም ፡ — [4] (B)] A om.

ወእምኢድኅነ [1] ፡ ኵሉ ፡ አባሉ ፡ ወሥጋሁ ፡ ወእምወፅአት ፡ ነፍሱ ፡ እምሥ
ጋሁ ፡ ሶቤሃ ። ወሶበ ፡ ርእየ ፡ መምሕሩ [2] ፡ ከመ ፡ ተሰጠ ፡ መልበሱ ፡ ወደን
ገፀ ፡ ልቡ ፡ ወመሰሎ ፡ ከመ ፡ ተሰጠ ፡ ሥጋሁ ፡ ወለቀዱስሰ [3] ፡ አቡነ ፡ ኢ
የሱስ ፡ ሞዓ ፡ ኢረከኮ ፡ ወኢምንተኒ ፡ ወኢለከፎ ፡ ሥጋሁ ። ወኃይለ ፡ እግዚ
አብሔር ፡ የዓቀቦ ። እስመ ፡ የዓቀቦሙ ፡ እግዚአብሔር ፡ ለእለ ፡ ይፈርህዎ ፡
* A f. 22 r በኵሉ ፡ ፍናዊሆሙ ። በከመ ፡ ይቤ ፡ ዳዊት ፡ ነቢይ ፡ ወንጉሠ ፡ እ*ስራኤል ።
ይትዓየን ፡ መልአከ ፡ እግዚአብሔር ፡ ዓውዶሙ ፡ ለእለ ፡ ይፈርኅዎ ፡ ወያ
ድኅኖሙ ። እስመ ፡ ተወከለ ፡ ኪያሁ ፡ የዓቀብ ፡ ርእሶ ፡ ወእኩይኒ ፡ ኢይ
ሥነጦ ። ብፁዕ ፡ ዘረሰየ ፡ ለትውክልቱ ፡ በእግዚአብሔር ፡ ባሕቱ [4] ። ወብ
ፁዕ ፡ ውእቱ ፡ ዘአእመረ ፡ ተስፋሁ ። እስመ ፡ ይብል ፡ መጽሐፍ ፡ በልሳነ ፡
ዕፍረት ፡ ዘተጽሕፈ ፡ በእዴሁ ። ወምንትኑ [5] ፡ እንከ ፡ ውእቱ ፡ አኃዊነ ፡ ጸ
ሎትነ ፡ ለእመ ፡ ኢነአምር ፡ ተስፋነ ። ብፁዕ ፡ ውእቱ ፡ ወዋቲ ፡ ዘአእመረ ፡
* B f. 7 r ሕይወቶ ፡ ወይትከደን ፡ በጽላሎተ ፡ ክነፊከ ፡ እግዚኦ ፤ * እግዚኦ ፡ ዐቢይ ፡
ጥቀ ፡ ግብርከ ፡ እስመ ፡ ሠወርኮሙ ፡ ለእለ ፡ ይፈርሁከ ። ወአድኃ[ን]ኮሙ ፡
* A f. 22 v ለእለ ፡ ይትዌከሉከ ፡ ብፁዕሰ ፡ አኮ ፡ ስሙ ፡ ለሰብ*እ ፡ ተሰምዮቱሰ ፡ ብፁ
ዓ ፡ ሶበ ፡ አፍቀሮ ፡ ለእግዚአብሔር ፡ በልብ ፡ ርቱዕ ፡ ወዝንቱሰ ፡ አቡነ ፡
⌈ብእሲ ፡ እግዚአብሔር ፡ አቡነ [2] ፡ ኢየሱስ ፡ ሞዓ ፡ በፍኖተ ፡ ምንኵስና ፡ ሐ
ዊረ ፡ ሶበ ፡ አርትዓ ፡ ወእንበይነ ፡ ዝንቱ ፡ ተሰምየ ፡ ብፁዓ ። ብፁዕ ፡ ውእቱ ፡
አቡነ [2] ፡ እስመ ፡ ያፈቅር ፡ ብፁዓነ [6] ። ርኁደ ፡ ይነብር ፡ በሕይወቱ ፡ ለእግ
ዚአ ፡ መናፍስት ፡ እምሥርዓቱ ፡ እምቃላተ ፡ ኦሪት ፡ ፲ቱ ፡ ወእምቃላተ ፡
ወንጌል ፡ ፰ቱ ፡ እምእሉ ፡ ኢይነትግ ፡ ቦቱ ። ይነብር ፡ ፍሩሃ ፡ እምትእዛዘ ፡
እግዚአብሔር ፡ ኢይበጥል ፡ ቦቱ ፡ እምነ ፡ ቃላት ፡ አሥር ፡ ይነብር ፡ ጽም
ወ ፡ ባሕቲቱ ፡ እስመ ፡ ያፈቅር ፡ ጽሙና ፡ ከመ ፡ ይትማሰሎሙ ፡ ለአበው ፡
* A f. 23 r ⌈ስሙአነ ፡ ዜና ፡ ሀለየ [7] ፡ በዘያሠምሮ ፡ ለእግዚአብሔር ፡ ወኢ*ሀለየ ። በ
ዘያሠምሮ ፡ ለፍትወተ ፡ ዓለም ፡ ሀለየ ፡ በዘያረትዕ ፡ ፍኖቶ ። ወኢሀለየ ፡ በ
ሕግ ፡ ዘሥጋ ፡ ፍትወቶ [2] ። ⌈ሀለየ ፡ ፍኖተ ፡ ዘላዕሉ [8] ፡ ወኢሀለየ ፡ ⌈ሕይወ

[1] B ወእምድኅነ ፡ (corrupte) — [2] B om. — [3] B ለቀዱስ ፡ — [4] B ባሕቲቱ ፡ — [5] B ምንትኑ ፡ — [6] B ጻድቃነ ፡ — [7] B om. corrupte — [8] B አላ ፡ ሀለየ ፡ ፍኖቶ ፡ ዘበላዕሉ ፡

ተ ፡ ዓለም[1] ፡ ዘኢይደሉ ፡ እስመ ፡ ያፈቅር ፡ እግዚአብሔር ፡ ሐሊና ፡ ሠናየ ። አቡነ[2] ፡ ኢየሱስ ፡ ሞዓ ፡ በፍቀረ ፡ ዚአከ ፡ ጽቍን ፡ ሐሊናነ ፡ በጼወ ፡ ክህነትከ ፡ ቀስም ፡ ልስሐተነ ፡ ወጌራ ፡ ፍቅርከ ፡ ደይ ፡ ዲበ ፡ ርእስነ ፡ ውስተ ፡ ዝክረ ፡ ስምከ ፡ ለእለ ፡ ተጋባዕነ ። በረከተከ ፡ ለእለ ፡ ተሰርነ ። ወዜና ፡ ዝክረ[3] ፡ ስምከ ፡ ለእለ ፡ ሰማዕነ ። ወዝየኒ ፡ ⸢ለገቢረ ፡ በዓልከ ፡ ለእለ ፡ መጻእነ[4] ፡ ወርስተ ፡ ሃይማኖትከ ፡ ለእለ ፡ ተካፈልነ ፡ ወዘንተ ፡ መጽሐፈ ፡ አጽሐፈ ፡ በንዋዩ[5] ። ለዓለመ ፡ ዓለም ፡ አሜን[3] ።

በስመ ፡ እግዚአብሔር ፡ ሕያው ፡ ንነ*ግረክሙ ፡ አኃዊነ ፡ ወበአሐቲ ፡ ዕለት ፡ * A f. 23 v እመዋዕል ፡ ሖረ ፡ ቅዱስ ፡ ኢየሱስ ፡ ሞዓ ፡ ከመ ፡ ያምጽእ ፡ ማየ ፡ ጸዊሮ ፡ ኮራ ፡ ዐቢየ ። ወወረደ ፡ ውስተ ፡ ዓዘቅት ፡ ወቀድሐ ፡ ማየ ፡ ወዓልዓለ ፡ በእደዊሁ ፡ ወአንበረ ፡ ላዕለ ፡ ርእሱ ፡ ወሖረ ፡ ወእንዘ ፡ የሐውር ፡ በፍኖት ፡ ተዓቀፈ ፡ በዕብን ፡ እግሩ ። ወወድቀ ፡ ውእቱ ፡ ኮራ ፡ ውስተ ፡ ኰኵሕ ፡ እንዘ ፡ ቀውም ፡ አቡነ ፡ ኢየሱስ ፡ ሞዓ ፡ ወማዩኒ ፡ ኢተክዕወ ፡ ኮራሁኒ[6] ፡ ኢተሰብረ ፡ እስመ ፡ ኃይለ ፡ እግዚአብሔር ፡ የዓቅቦ ።

ወእምዝ ፡ ቦአ ፡ አቡነ ፡ ኢየሱስ ፡ ሞዓ ፡ ውስተ ፡ ማኅደሩ ፡ ወነበረ ፡ ብዙኃ ፡ መዋዕለ ፡ በጾም ፡ ወበጸሎት ። ወይመጽኡ ፡ ብዙኃን ፡ ሰብእ ፡ ኀቤሁ ፡ ወይኤምኅዎ ፡ ወሶበሂ ፡ ይረክቦሙ ፡ ደዌ ፡ ይጼሊ ፡ ላዕሌሆሙ ፡ ላዕለ[7] * ፡ * A f. 24 r ማይ ፡ ወይትፌወሱ ፤ እምደዌሆሙ ፡ ወይሁቦመ ፡ እግዚአብሔር ፡ በጸሎቱ ፡ ለአቡነ ፡ ኢየሱስ ፡ ሞዓ ፡ ሕይወተ ፡ ወጥዒና ፡ እስመ ፡ ኃይለ ፡ እግዚአብሔር ፡ ይወፅእ ፡ እምኔሁ ፡ ወያሐይዎሙ ፡ * ለዓለመ ፡ ዓለም ፡ አሜን ። * B f. 7 v

በስመ ፡ አብ ፡ ወወልድ ፡ ወመንፈስ ፡ ቅዱስ ፡ ፩አምላክ ፡ ንጽሕፍ ፡ እንከ ፡ ለክሙ ፡ ዜና ፡ ነገር ፡ ዘሰማዕነ ፡ እምአዕሩግ ፡ ወእምአበው ፡ በከመ ፡ ይቤ[3] ፡ ነቢይ ፡ ተሰአሎ ፡ ለአቡከ ፡ ወይነግረከ ፡ ወለሊቃውንቲከ ፡ ⸢ከመ ፡ ይዜንውከ[8] ።

ቅድመ ፡ ትትሐነጽ ፡ ይእቲ ፡ ደብረ ፡ ሐይቅ ፡ እንተ ፡ ይእቲ ፡ ቤቱ ፡ ለ

[1] B ሐይቶ ፡ (sic) ለዓለም ፡ — [2] B ዖአቡነ ፡ — [3] B om. — [4] B ለእለ ፡ መጻእነ ፡ ለገቢረ ፡ በዓልከ ፡ A autem habet ላዕለ ፡ pro ለእለ ፡ — [5] B add. ክፍሎ ፡ ቁመተ ፡ እምጸጋም ፡ የማነ ፡ ወለነኒ ፡ ረስየነ ፡ ድልዋነ ፡ — [6] B ወኮራሁኒ ፡ — [7] B ወላዕለ ፡ — [8] B ይዜንውከ ፡

እስጢፋኖስ ፡ ቀዳሚ ፡ ሰማዕት ፡ ወበውስቴታ ፡ ሀሎ ፡ ዐቢይ ፡ ያም ፡ ዘው
* A f. 24 v እቱ ፡ ባሉጥ ፡ ወታሕቴሁ ፡ ይነብር ፡ አርዌ ፡ ዘስሙ ፡ * ተመን ። ወባቱ ፡
ነበሩ ፡ አሕዛብ ፡ እንዘ ፡ ይሰግዱ ፡ ለአርዌ ፡ ዐቢይ ፡ ወይሁብዎ ፡ ሲሳዮ [1] ፡
ሐሊበ ፡ ወሥጋ ፡ ላህም ፡ ⸢ወሀሊብሰ ፡ ያሰትይዎ [2] ፡ በገብላት ፡ ውእቱሂ [3] ፡
ገብላት ፡ ሀሎ ፡ እስከ ፡ ይእዜ ፡ ከዊኖ ፡ ምሕጻበ ፡ ለአልባሰ [4] ፡ መነኮሳት ።
በኀበ ፡ ረሰዩ ፡ ምንባሮ ፡ ዐቢየ ፡ ኆመ ። ወነበሩ ፡ እንዘ ፡ ከመዝ [4] ፡ ይገብ
ሩ ፡ ብዙኃ ፡ አመታተ ፡ ወመዋዕለ [4] ፡ ወእምዝ ፡ እምድኅረ ፡ መጽአ ፡ አባ ፡
ሰላማ ፡ ጳጳስ ፡ ከሣቴ ፡ ብርሃን ፡ በ፯፻፩ወ፳ዓመት ፡ መጽአ ፡ ካልዕ ፡ ጳጳስ ፡
አባ ፡ ሰላማ ፡ ዘአዜብ ፡ በምድረ ፡ አዳል ፡ ወበጽሐ ፡ ኀቤሃ ፡ እንዘ ፡ ይሔውጽ ፡
መካናተ ። ወርእየ ፡ ውእቱ ፡ ለይእቲ ፡ ደሴት ፡ ወፈተዋ ፡ ወሐተተ ፡ ግብራ ፡
* A f. 25 r ወነገርዎ ፡ ሰብእ ፡ ከመ ፡ ይሰግዱ ፡ ለ*አርዌ ፡ አሕዛብ ። ወእምዝ ፡ ነሥአ ፡
መስቀሎ ፡ ወአተበ ፡ ላዕሌሃ ፡ ወሰሰለ ፡ አርዌ ። በሥምረተ [5] ፡ እግዚአብ
ሔር ፡ ፈጣሬ ፡ ሰማያት ፡ ወምድር ፡ ወኢተአምረ ፡ መካኑ ፡ ኀበ ፡ በጽሐ ።
ወእምዝ ፡ ተመይጠ ፡ ጳጳስ ፡ ወሖረ ፡ ብሔሮ ፡ ወነገሮ ፡ ለንጉሥ ፡ ድል ፡ ነ
አድ ፡ ዘንተ ፡ ነገረ ፡ ከመ ፡ ርእየ ፡ ለይእቲ ፡ ደሴት ። ወዘከመ ፡ አፍቀራ ፡
ልቡ ፡ ወፈተዋ ። እስመ ፡ ሠናይት ፡ ይእቲ ፡ ወአጽሐቀ ፡ ለንጉሥ ፡ ከመ ፡
ይምጻእ ፡ ወይርአያ [6] ፡ ለይእቲ ፡ ደሴት ። እስመ ፡ ሠናይት ፡ ይእቲ ፡ እም
ኵሎን ፡ አሕጉር ፡ ወደሰያት ። ወእምዝ ፡ በሳብእ ፡ አመት ፡ መንግሥቱ ፡ እ
ምአመ ፡ ነግሠ ፡ መጽአ ፡ ውእቱ ፡ ንጉሥ ፡ ምስለ ፡ ውእቱ ፡ ጳጳስ ፡ ወፈለ
* A f. 25 v ሰት ፡ መንግሥት ፡ እምአኰስም ፡ ኀበ ፡ ብሔረ ፡ ምሥራቅ ። ወመጺ*አ ፡ ው
እቱ ፡ ንጉሥ ፡ ሶበ ፡ ርእየ ፡ ለይእቲ ፡ ደሴት ፡ አፍቀራ ፡ ጥቀ ፡ ወፈተዋ ፡
ከመ ፡ ይሕንጽ ፡ ባቲ ፡ ቤተ ፡ ክርስቲያን ። ወገብረ ፡ ትእይንተ ፡ በየማነ ፡
ይእቲ ፡ ደሴት ፡ ወ[አ]ቀደመ ፡ በህየ ፡ ሐኒጸ ፡ ቤተ ፡ ክርስቲያን ። ወሶበ ፡
ፈጸመ ፡ ንጉሥ ፡ ሐኒጾቶ ፡ ቀደሰ ፡ ጳጳስ ፡ ታቦተ ፡ በስመ ፡ እግዚአብሔር ፡
አብ ። ወገብረ ፡ ንጉሥ ፡ መድቀሐ [7] ፡ ለቤተ ፡ ክርስቲያን ። ወአብኦ ፡ ለታቦ
ት ፡ ውስቴቱ ፡ ወገብረ ፡ በዓለ ። በከመ ፡ ገብረ ፡ ሰሎሞን ፡ አመ ፡ ሕንጸተ ፡

[1] (B)] A ሲሳዮሙ ፡ — [2] B ወሐሊበሰ ፡ ዘያሰትዩ ፡ — [3] B ውእቱ ፡ — [4] B om. — [5] B በሥምረ ፡ — [6] (B)] A ወይርእያ ፡ (sic) — [7] A, B መቀድሐ ፡

ቤተ ፡ መቀደስ ፡ ወሰመዮ ፡ ለውእቱ ፡ ብሔር ፡ ደብረ ፡ እግዚአብሔር ፤ ወእምድኅሬሁ ፡ በ፳፻ወ፲፻፳ወ፪ ፡ ዓመት ፡ አሐዘ ፡ ከመ ፡ ይሕንጽ [1] ፡ ቤተ ፡ ክርስቲያን ፡ ውስተ ፡ ይእቲ ፡ ደሴት ። ወፈጸመ ፡ በፈቃደ ፡ እግዚአብሔር ። ወእምድ*ኅረ ፡ ፈጸመ ፡ ** ሐኒጸታ ፡ ከዓወ ፡ ጳጳስ ፡ ሚሮነ ፡ ላዕሌሃ ። ወ (* B f. 8 r; ** A f. 26 r) ሐተመ ፡ ቦቱ ፡ ኵለንታሃ ፡ እስመ ፡ ውእቱ ፡ ጳጳስ ። እምቀድመዝ ፡ አእመረ ፡ በመንፈስ ፡ ቅዱስ ፡ ከመ [2] ፡ ጸለለ ፡ መንፈሰ ፡ እግዚአብሔር ፡ ላዕሌሃ ፡ በዘአፈድፈደ ፡ ሱራኤል [3] ፡ መልአክ ፡ ላዕሌሃ ፡ ንዝሐተ ፡ ደሙ ፡ ለክርስቶስ ፡ በዕለተ ፡ ዓርብ ፡ ጊዜ ፡ ፱ሰዓት ፡ እንዘ ፡ ይነዝኅ ፡ ኵሎ ፡ ዓለመ ፡ እምደሙ ፡ ለክርስቶስ ፡ በፐፒረ ፡ ለይ ፡ አመ ፡ ረገዘ ፡ ሐራዊ ፡ ገቦሁ ፡ ዘየማን ፡ በኵናት ፡ በከመ ፡ ይነግር ፡ ድርሳነ ፡ ዑሩኤል ፡ መልአክ ፤ ወእምዝ ፡ እንዘ ፡ ይትበሀሉ ፡ ንጉሥ ፡ ወጳጳስ ፡ በስመ ፡ መኑ ፡ ንቀድሳ ፡ ለቤተ ፡ ክርስቲያን ፡ በስመ ፡ ማርያምኑ ፡ ወሚመሁ [4] ፡ በስመ ፡ ሚካኤል ፡ ሊቀ ፡ መላእክት ፡ አው ፡ በስመ ፡ ካልኣን ፡ ጻድቃን ፡ ወሰማዕት ፡ መጽአት ፡ * ቶራ ፡ ጸዊራ ፡ (* A f. 26 v) ታቦተ ፡ እስጢፋኖስ ፡ ቀዳሚ ፡ ሰማዕት ፡ ዘአውጽእዎ ፡ ኅቡዓን ፡ እምኢየሩሳሌም ፡ እንዘ ፡ ምስሌሁ ፡ ታቦተ ፡ ጊዮርጊስ ፡ ወቆመት ፡ ኀበ ፡ ጽንፈ ፡ ባሕር ፡ እስመ ፡ ፈቃዱ ፡ ለእግዚአብሔር ፡ ውእቱ ። ወሶበ ፡ ርእይዋ ፡ ሕዝብ ፡ ለቶራ ፡ ኀበ ፡ ጽንፈ ፡ ባሕር ፡ ሖሩ ፡ ኀቤሃ ፡ ወአውረዱ ፡ እምላዕሌሃ ፡ ታቦተ ፡ ወረከቡ ፡ ጽሕፈተ ፡ እንዘ ፡ ይብል ፡ ዝታቦተ ፡ እስጢፋኖስ ፡ ⌈ቀዳሚ ፡ ሰማዕት [5] ፡ ዘአምጽእዎ ፡ ኅቡዓን ፡ እምኢየሩሳሌም ፤ ወእምዝ ፡ አብዕዎ ፡ ውስጠ ፡ ወገብረ ፡ ጳጳስ ፡ ቀዳሴሃ ፡ ለቤተ ፡ ክርስቲያን ፡ ወንጉሥኒ ፡ ገብረ ፡ በዓለ ፡ ወመድቀሐ ፡ በከመ ፡ ገብረ ፡ ቀዳሚ ፡ በደብረ ፡ እግዚአብሔር ፡ ወሰመየ ፡ ስማ ፡ ለይእቲ [6] ፡ ደሴት ፡ ደብረ ፡ ነጐድጓድ ። * ወዝብሂል ፡ ቤተ ፡ (* A f. 27 r) ክህነት ፡ ወመንግሥት ፡ እስመ ፡ ንጉሥ ፡ ወጳጳስ ፡ ኅቡረ ፡ ሐነጽዋ ፡ ወሠርዓ ፡ ንጉሥ ፡ ካህናተ ፡ ብዙኃነ ፡ ሌዋውያነ ፡ ዘአምጽአ ፡ ምስሌሁ ፡ እምብሔረ ፡ አኵስም ። ወጐልቄሙ ፡ ፲፪ ወወሀባ ፡ ለዛቲ [7] ፡ አልባሳተ ፡ ክቡራተ ፡ ወክዳናተ ፡ ዘዲባጋት ፡ ወአሕጉራተ ፡ ብዙኃተ ። ወእምዝ ፡ ነበሩ ፡ ፩፻ዓመተ [8] ፡ እንዘ ፡ ኢይትፈለጡ [9] ፡ እድ ፡ ወአንስት ።

[1] B ይገበር ፡ — [2] (B)] A om. — [3] B ሱሩኤል ፡ — [4] B ወሚመ ፡ — [5] B om. — [6] B በይእቲ ፡ — [7] B ላቲ ፡ — [8] B ዓመት ፡ — [9] (B)] A ይትፈለጡ ፡ (corrupte)

ንግባዕኬ ፡ ኀበ ፡ ⸢ዘቀዳሚ ፡ ነገር [1] ፡ ወአባ ፡ ዮሐኒ ፡ መምሕሩ ፡ ለኢየሱስ ፡ ሞዓ ፡ ብፁዕ ፡ ወቅዱስ ፡ ውእቱ ፡ ወኢጥዕመ ፡ እክለ ፡ እስከ ፡ ፺ዓመት ፡ ወእ[ም]ብዝኃ [2] ፡ ጾም ፡ ወጸሎት ፡ ኃልቀ ፡ ሥጋሁ ፡ ወተርፈ ፡ አነዳሁ ፡ ዲበ ፡ (* A f. 27 v) አዕፅምቲሁ ፡ ባሕቲቱ ፡ ወቀዲሙሰ ፡ ነበረ ፡ * ወኮነ ፡ ዐቢየ ፡ መኰንነ ፡ እንዘ ፡ ይኴንን ፡ እምታሕተ ፡ ንጉሥ ፡ ወንጉሥኒ ፡ ወሀቦ ፡ ወለቶ ፡ ወዊሞ ፡ (* B f. 8 v) እም*ታሕተ ፡ መንግሥቱ ፡ ወአጥረየ ፡ ወርቀ ፡ ወብሩረ ፡ ወብዙኃ ፡ አግብርተ ፡ ወአዕማተ ። ወክብረ ፡ ዘበምድር ፡ ወሀለየ ፡ በልቡ ፡ ከመ ፡ የኃልፍ ፡ ዝንቱ ፡ ዓለም ፡ ኃላፊ ። ወቀመ ፡ ቅድመ ፡ ንጉሥ ። ወይቤሎ ፡ አንሰ ፡ እምይእዜሰ ፡ ኢይከውን ፡ ሐራከ ፡ ⸢ወባሕቱ ፡ እከውን ፡ ሐራሁ [3] ፡ ለክርስቶስ ፡ ወአውሥአ ፡ ንጉሥ ፡ ወይቤሎ ፡ ብዙኃ ፡ ፍቀረ ፡ አፍቀርኩከ ፡ ወለትየኒ ፡ ወሀብኩከ ። ወይእዜኒ ፡ ኢትኅድገኒ ፡ ወኢትትፈለጥ ፡ እምኔየ ። ወአውሥአ ፡ ቀዱስ ፡ ወይቤሎ ፡ ቀዲሙ ፡ ነገርኩከ ። ወይእዜኒ ፡ እነግረከ ፡ ወአንሰ ፡ እምይእዜ(* A f. 28 r)ሰ ፡ ኢይከው*ን ፡ ሐራከ [4] ፡ ወሶበ ፡ አእመረ ፡ ንጉሥ ፡ ከመ ፡ አጥብዓ ፡ ልቦ ፡ ኃደጎ ፡ ወቀዱስሰ ፡ አባ ፡ ዮሐኒ ፡ ብእሲ ፡ እግዚአብሔር ፡ ወፅአ ፡ እምቅድመ ፡ ንጉሥ ። ወሖረ ፡ እንዘ ፡ አልቦ ፡ ዘይነሥእ ፡ እምወርቀ ፡ ወእምብሩር ፡ ወኢእምአልባሰ ፡ ክቡራት ፡ ወበጽሐ ፡ ውስተ ፡ መካን ፡ ዘተሰመይ ፡ ደብረ ፡ ደሞ ፡ ወነበረ ፡ ውስቴታ ፡ በጾም ፡ ወበጸሎት ፡ ወበሰጊድ [5] ፡ ወበተጋህ ። ወኢጥዕመ ፡ እክለ ፡ እስከ ፡ ዕለተ ፡ ሞቱ ፡ ወአዕረፈ ፡ አመ ፡ ፳ለግንቦት ፡ በሰላመ [6] ፡ እግዚአብሔር ፡ አብ ፡ አሜን ። ጸሎቱ ፡ ወበረከቱ ፡ ወስእለቱ ፡ የሃሉ ፡ ምስሌነ [7] ፡ ለዓለመ ፡ ዓለም ፡ አሜን ።

ወገብረ ፡ ጽዮንሰ ፡ እኁሁ ፡ ለአቡነ ፡ ኢየሱስ ፡ ሞዓ ፡ ሖረ ፡ ውስተ ፡ ካ(* A f. 28 v)ልዕ ፡ መካ*ን ። ወነበረ ፡ እንዘ ፡ ይተግህ ፡ መዓልተ ፡ ወሌሊተ ፡ በጾም ፡ ወበጸሎት ። ወይጼሊ ፡ ኀበ ፡ እግዚአብሔር ፡ አምላከ ፡ እስራኤል ፡ ወሶበ ፡ ቆመ ፡ ውስተ ፡ ጸሎት ፡ እንዘ ፡ ሀሎ ፡ ፀሐይ ፡ መንገለ ፡ እንግድዓሁ ። ወኢየአርፍ ፡ በምንትኒ ፡ ዘእንበለ ፡ ይትመየጥ ፡ መንገለ ፡ ዘባኑ ፡ ወእ[ም]ብዝኃ ፡ ቈመቱ ፡ ሐብጠ ፡ እገሪሁ ፡ ወረስአ ፡ በሠናይ ፡ ርስእና ፡ በሥምረተ ፡ እግ

1 B ጥንተ ፡ ነገር ፡ — 2 B ወእምዝ ፡ እምብዝኃ ፡ — 3 (B)] A om. — 4 (B)] A ሐራ ፡ — 5 B በሰጊድ ፡ — 6 (B)] A በስመ ፡ — 7 B ምስለ ፡ ገብሩ ፡

ዚአብሔር ፡ ወአዕረፈ ፡ አመ ፡ ፳ወ፭ለወርኃ ፡ የካቲት ። በረከቱ ፡ ወሀብተ ፡ ረድኤቱ ፡ ወገድለ ፡ ጻማሁ ፡ ወስእለተ ፡ ከናፍሪሁ ፡ የሃሉ ፡ ለለአመቱ ፡ ወለለሰዓቱ ፡ ለለጊሠሙ ፡ ወለለዕለቱ ፡ ለለአውራሁ ፡ በዝኒ ፡ ዓለም ፡ ወበዘይመጽእ ፡ ያድኅነነ ፡ እምእደ ፡ አጋን*ንት ፡ እኩያን ፤ ይዕቀበነ ፡ ለእለ ፡ ተጋ [* A f. 29 r] ባዕነ ፡ ውስተ ፡ ዛቲ ፡ መካን ። ወይዕቀቦ ፡ ዓዲ [1] ። ለዓለመ ፡ ዓለም ፡ አሜን ። ወእምድኅረ ፡ ጉንዱይ ፡ መዋዕል ፡ በዘመኑ ፡ ለአባ ፡ * ዮሐኒ ፡ ሳብእ ፡ [* B f. 9 r] መምሕር ። ወሐነጹ ፡ ሎቱ ፡ ደቂቁ ፡ ቤተ ፡ ክርስቲያን ፡ ውስተ ፡ አፈ ፡ በዓቱ ፡ ከመ ፡ ይኩን ፡ ለመቃብረ [2] ፡ መነኮሳት ፡ ወመምሕፃነ ፡ ለእለ ፡ ይነሥሉ ፡ መሬተ ፡ እምኔሁ ፡ እስመ ፡ ኮነ ፡ ይፌውስ [3] ፡ ድውያነ ፡ ወሕሙማነ ፡ ዕውራነ ፡ ወሐንካሳነ ፡ ወስቡራነ ። ወእለሂ ፡ ዘአጋንንት ፡ ወዘነገርጋር ፡ ለእመ ፡ ተቀብዑ ፡ እምኔሁ ፡ ነሢኦሙ ፡ መሬተ ፡ የሐይው [4] ፡ ወዘጐድጐደ ፡ ኆኅተ ፡ ኢየኃጥእ ፡ ምንተኒ ፡ ዘኃሠሠ ።

ወእምድኅረዝ ፡ ይቤሎ ፡ አባ ፡ * ኢየሱስ ፡ ሞዓ ፡ ለአባ ፡ ዮሐኒ ፡ አልብሰኒ ፡ [* A f. 29 v] አስኬማ ፡ ዘመነኮሳት ፡ ወሶቤሃ ፡ አልበሶ ፡ አስኬማ ፡ ወቀብዓ ፡ ዘመላእክት ፡ ወነበረ ፡ ብዙኃ ፡ መዋዕለ ፡ እንዘ ፡ ይትኤዘዝ ፡ ለመምሕሩ ፡ ወኮነ ፡ መፍቀሬ ፡ ጽሙና ፡ ወጸሎት ፡ ብዙኀ ። ወነበረ ፡ ባሕቲቶ ፡ ማዕከለ ፡ ጸድፍ ። ወጸሐፈ ፡ በዝየ ፡ ወንጌለ ፡ እግዚእነ ፡ ወመድኃኒነ ፡ ኢየሱስ ፡ ክርስቶስ ፡ ለዘከሮቱ ፡ ይደሉ ፡ ሰጊድ ፡ አሜን ። ወውእቱሰ [5] ፡ መጽሐፍ ፡ ሀሎ ፡ እስከ ፡ ይእዜ ፡ ውስተ ፡ ውእቱ ፡ መካን ፡ ዘትሰመይ ፡ ደብረ ፡ ዳሞ ።

ወእምዝ ፡ ተፈነወ ፡ መልአከ [6] ፡ እግዚአብሔር ፡ ዘስሙ ፡ ገብርኤል ፡ እምኀበ ፡ እግዚአብሔር ፡ ኀበ ፡ ኢየሱስ ፡ ሞዓ ፡ ወጸውኦ ፡ ለኢየሱስ ፡ ሞዓ ፡ * በመንፈቀ ፡ ሌሊት ፡ ወይቤሎ ፡ ሑር ፡ ብሔረ ፡ ምሥራቅ ፡ ወትረክብ ፡ ሀ [* A f. 30 r] ገረ ፡ እንተ ፡ ተሐጽረት ፡ በባሕር ፡ ወትሰመይ ፡ ደብረ ፡ ነጐድጓድ ፡ ⌜እንተ ፡ ይእቲ ፡ ደብረ ፡ ሐይቅ [7] ፡ ወይእቲ ፡ ክፍልከ ። ወነቂሖ ፡ እምንዋሙ ፡ አቡ

[1] B add. ዘአጽሐፈ ፡ ዘንተ ፡ መጽሐፈ ፡ በንዋዩ ፡ እንዘ ፡ ይሴፎ ፡ ረድኤተ ፡ እምኀበ ፡ እግዚአብሔር ፡ ከመ ፡ ይኩኖ ፡ ለመድኀኒተ ፡ ነፍሱ ፡ ወሥጋሁ ፡ — [2] B መቃብረ ፡ — [3] (B)] A ይፌውሶ ፡ — [4] (B)] A ያሕይው ፡ — [5] B ወውእቱ ፡ — [6] A, B መልአክ ፡ (corrupte) — [7] B om.

ነ ፡ ኢየሱስ ፡ ሞዓ ፡ አዕኰቶ ፡ ለእግዚአብሔር ፡ ወነገሮ ፡ ለአባ ፡ ዮሐኒ ፡ በ
ጽባሕ ፡ ወይቤሎ ፡ ቀድመ ፡ ዘጸውአኒ ፡ እምጸአ ፡ ኀቤከ ፡ ዮምኒ ፡ ጸውአ
ኒ ፡ እኍር ፡ እምኀቤከ ፡ ወይቤሎ ፡ አባ ፡ ዮሐኒ ፡ ለአባ ፡ ኢየሱስ ፡ ሞዓ ፡
ሑር ፡ በሰላም ፡ ወሰላመ ፡ እግዚአብሔር ፡ የሃሉ ፡ ምስሌከ ። ወእምዝ ፡ ወ
ጽአ ፡ አቡነ ፡ ኢየሱስ ፡ ሞዓ ፡ እምደብረ ፡ ዳሞ ፡ ሶበ ፡ አእመረ ፡ ከመ ፡
* A f. 30 v የአርፉ ፡ አባ ፡ ዮሐኒ ፡ አቡሁ ፡ በጸጋ ፡ ወገብረ ፡ * ጽዮን ፡ እኍሁ ፡ በሥ
ጋ ፡ ወበከየ ፡ እስመ ፡ አእመረ ፡ ከመ ፡ ኢይትራከብ ፡ ዳግመ ፡ ⌈ወኢይትረ
አይ ፡ ገጸ ፡ በገጽ [1] ።

ወመጽአ ፡ እንዘ ፡ ይመርሖ ፡ መልአክ ፡ ዘጸውኦ [1] ፡ ወአብጽሖ ፡ እስከ ፡
ዝየ ። ወመጺኦ ፡ አቡነ ፡ ኢየሱስ ፡ ሞዓ ፡ ነበረ ፡ ሐይቀ ፡ ባሕር ፡ ፲አውራ
ኃ [2] ፡ እንዘ ፡ ይትለአክ ፡ ⌈ለቤተ ፡ ክርስቲያነ ፡ ጴጥሮስ [3] ፡ ወጳውሎስ ፡ ወይ
ቄድስ ፡ ቅዳሴ ፡ ቍርባን ፡ ወረከቦ ፡ ብእሲ ፡ ፩ዘስሙ ፡ ኄር ፡ አምላክ ፡ እ
* B f. 9 v ምሰብአ ፡ ይእቲ ፡ ሀገር ፤ ወተስእ*ሎ ፡ ወይቤሎ ፡ እምአይ [4] ፡ ብሔር ፡ መ
ጻእከ ፡ ወአይድዖ ፡ አቡነ ፡ ኢየሱስ ፡ ሞዓ ፡ ወነገሮ ፡ እምጥንቱ ፡ እስከ ፡ ተ
* A f. 31 r ፍጻሜቱ ። ወእምዝ ፡ አብኦ ፡ ማዕከለ ፡ ባሕር ። ወአንበሮ ፡ ውስተ ፡ * ቤቱ ፡
ብዙኃ ፡ አመታተ ፡ እንዘ ፡ ይሴስዮ ፡ ወይኤርዞ ፡ እምአልባሱ ። ወውእቱሰ [5] ፡
አቡነ ፡ ኮነ ፡ ዘይትቀነይ ፡ ለቤተ ፡ ክርስቲያን ፡ ⌈በጊዜ ፡ ሰዓታት ፡ ወቅዳሴ ፡
በእንቲአሁ [6] ። ወርእዮሙ ፡ ሰብአ ፡ ይእቲ ፡ ሀገር ፡ ትጋሆ ፡ ወኂሩቶ ፡ ወት
ሕትናሁ ፡ ለአቡነ ፡ ኢየሱስ ፡ ሞዓ ፡ ከመ ፡ ክዱን ፡ ወክሉል ፡ በጸጋ ፡ እግ
ዚአብሔር ፡ ወሀብቱ ፡ ብዙኀ ፡ ኣሜን ።

ወእምዝ ፡ ለአኩ ፡ ሶቤሃ ፡ ኀበ ፡ ዛጔ ፡ ንጉሥ ፡ ዘነግሠ ፡ በመካነ ፡ ላሊበላ ፡
ከመ ፡ ይሢሙ ፡ ኪያሁ ፡ መምሕረ ፡ ከመ ፡ ይኩን ፡ አባ ፡ ነፍሶሙ ፡ እንዘ ፡
ይሠምሩ ። ወሠምረ ፡ ንጉሥ ፡ በዝንቱ ፡ ነገር ፡ ወሤሞ ፡ መምሕረ ፤ ወእም
* A f. 31 v ድኅረ ፡ ተሰይመ ፡ አቡነ ፡ ኢየሱ*ስ ፡ ሞዓ ፡ ወወለደ ፡ በጸጋ ፡ ብዙኃ ፡ ው
ሉደ ። ወፈነወ ፡ ንቡራነ ፡ እድ ፡ ውስተ ፡ ኵሉ ፡ አሕጉር ፤

በስመ ፡ አብ ፡ ወወልድ ፡ ወመንፈስ ፡ ቅዱስ ፡ ፩አምላክ ፡ ንጽሕፍ ፡ እን

[1] B om. — [2] B ፳አውራኃ ፡ — [3] ለቤተ ፡ ክርስቲያን ፡ ዘጴጥሮስ ፡ — [4] B እምአይቴ ፡ — [5] B ወውእቱ ፡ — [6] B በጊዜ ፡ ቅዳሴ ፡ ወሰዓታት ፡

ከ ፡ ዜና ፡ ልደቱ ፡ ለይኩኖ ፡ አምላክ ። ወዜና ፡ ብጽሐቱ ፡ ኀበ ፡ ኢየሱስ ፡ ሞዓ ፡ ግርማ ፡ አስፈሬ ፡ ወለዶ [1] ፡ ⸢ለድል ፡ ነአድ ፡ ወድል ፡ ነአድ [2] ፡ ወለዶ ፡ ለማኅበረ ፡ ውድም ፡ ወማኅበረ ፡ ውድም ፡ ወለዶ ፡ ⸢ለነጋሽ ፡ ዛሬ [3] ። ⸢ወነጋሺ ፡ ዛሬ [4] ፡ ወለዶ ፡ ለወናግ ፡ ሠሬ ። ወወናግ ፡ ሠሬ ፡ ወለዶ ፡ ለአካለ ፡ ውድም ። ወአካለ ፡ ውድም ፡ ወለዶ ፡ ለተስፋ ፡ ኢየሱስ ፡ ወተስፋ ፡ ኢየሱስ ፡ እንዘ ፡ የዓውድ ፡ አህጉረ ፡ በጽሐ ፤ ኀበ ፡ ሀሎ ፡ ኢየሱስ ፡ ሞዓ ፡ ወሰሚዖ ፡ ጽድቀ ፡ ወትሩፋቲሁ ፡ ቦአ ፡ ኀቤሁ ፡ ወተማኅፀነ ፡ ቦቱ ። *ወ [* A. f. 32 r] ይቤሎ ፡ ኢትርስአኒ ፡ በጸሎትከ ፡ ከመ ፡ ያግብእ ፡ ሊተ ፡ እግዚአብሔር ፡ መንግሥተ ፡ አቡየ ። ወይቤሎ ፡ አቡነ ፡ ኢየሱስ ፡ ሞዓ ፡ መንግሥትሰ ፡ ይገብእ ፡ ወባሕቱ ፡ አኮ ፡ ለከ ፡ ዳዕሙ ፡ ለወልድከ ።

ወእምዝ ፡ ሖረ ፡ ተስፋ ፡ ኢየሱስ ፡ ወበጽሐ ፡ ምድረ ፡ ሠገራት ፡ ኀበ ፡ ሀሎ ፡ ፩ብእሲ ፡ ሊቀ ፡ ሐራ ፡ ዘስሙ ፡ አዛዠ ፡ ክላ ፡ በመካን ፡ እንተ ፡ ትሰመይ ፡ መኰነኛ ፡ ወኃደረ ፡ ተስፋ ፡ ኢየሱስ ፡ ⸢ውስተ ፡ ቤተ ፡ ዝንቱ ፡ ባዕል [5] ፡ ወተራከበ ፡ በፈቃደ ፡ አምላክ ፡ ምስለ ፡ አሐቲ ፡ እምቀኑያት ። ወጸንሰት ፡ ወይቤላ ፡ ተስፋ ፡ ኢየሱስ ፡ ዕቀቢ ፡ ማኅፀንትየ ፡ እስመ ፡ ወሀብኩኪ ፡ ወርቀ ። ወዘንተ ፡ እንዘ ፡ ይብላ ፡ ሰምዓት ፡ እግዝእታ ፡ ወዓቀበቶ ፡ በ*ልባ ። [* A f. 32 v] ወእምዝ ፡ ጊዜ ፡ በጽሐ ፡ ወሊዶታ ፡ ወፈረት ፡ ሐቅለ ፡ ለሐጢበ ፡ ዕፀ ፡ ወእንዘ ፡ ተሐጥብ [6] ፡ ዕፀ ፡ ተሐውከ ፡ ከርሣ ። ወወለደት ፡ ወልደ ፡ ወገደፈቶ ፡ *ውስተ ፡ ሐቅል ፡ ለውእቱ ፡ ወልድ ፡ ወጸዊራ ፡ ዕፀ ፡ አተወት ፡ ቤ [* B f. 10 r] ታ ፡ ወትቤላ ፡ እግዝእተ ፡ እፎ ፡ ኮነ ፡ ዘውስተ ፡ ከርሥኪ ፡ ወትቤ ፡ ዓመት ፡ እንዳኢ ። ወፈነወት ፡ እግዝእታ ፡ አግብርተ ፡ ምስለ ፡ ብዙኀ ፡ ማኅትው ፡ ይኅሥሥዎ ፡ ለሕፃን ፡ እስመ ፡ ሐዋየ ፡ ኮነ ፡ ጊዜሁ ። ወረከብዎ ፡ ግዱፈ ፡ ውስተ ፡ ፩መካን ፡ ወተሰምየ ፡ መካኑ ፡ ፍላጐ ፡ ወልሕቀ ፡ ሕፃን ፡ እንዘ ፡ ይሰመይ ፡ ድሆ ፡ ወበ፺ዕለት ፡ በዕለተ ፡ ጥምቀቱ ፡ ተሰምየ ፡ ይኵኖ ፡ አምላክ ፡ በፈቃደ ፡ እግዚአብሔር ።

[1] B add. ለልብ ፡ ዳሬ ፡ ወልብ ፡ ዳሬ ፡ ወለዶ ፡ — [2] B ለድልነዓድ ፡ ወድልነ ፡ ዓድ ፡ — [3] B ለነጋሢ ፡ ዛሬ ፡ — [4] B ወነጋሽ ፡ ዛሬ ፡ — [5] B ውስተ ፡ ዝንቱ ፡ ቤተ ፡ ባዕል ፡ — [6] (B)] A ተሐጥበ ፡

* A f. 33 r ወ፩እምአርዳኢሁ ፡ ለ*አቡነ ፡ ኢየሱስ ፡ ሞዓ ፡ ዘስሙ ፡ ስልዋኖስ [1] ፡ ወ
ኀዱር ፡ ላዕሌሁ ፡ ጸጋ ፡ እግዚአብሔር ። ወተከሥተ [2] ፡ ሎቱ ፡ ትርጓሜሁ ፡
ለንቃወ ፡ አራዊት ፡ ወአዕዋፍ ። ወውእቱ ፡ መነኮስ ፡ ሖረ ። ተፈኒዎ ፡ እም
ኀበ ፡ አቡሁ ፡ ለመፍቀደ ፡ ደብር ፡ ወተአንገደ ፡ ውስተ ፡ ቤተ ፡ ባዕል ፡ ወ
ቤተ ፡ ኮላ ፡ ሌሊተ ፡ ቀዊሞ ፡ እንዘ ፡ ይጼሊ ፡ ወነቀወ ፡ ዖርሖ ፡ ወይቤ [3] ፡
ዘበልዐ ፡ ርእሰ ፡ ዚአየ ፡ ይነግሥ ። ወሰሚዖ ፡ ውእቱ ፡ መነኮስ ፡ ሰሐቀ ፡ በ
መንፈስ ፡ ቅዱስ ። ወይቤሎ ፡ ባዕል ፡ ምንተ ፡ አስሐቀከ ፡ ወነብአ ፡ ውእቱ ፡
መነኮስ ፡ ምሥጢሮ ። ወይቤሎ ፡ አንሰ ፡ ምንትኒ ፡ ወአማኅፀኖ ፡ ውእቱ ፡ ባ
ዕል ፡ ለው[እ]ቱ ፡ መነኮስ ፡ ከመ ፡ ይ[ን]ግሮ ፤ ወነገሮ ፡ ምሥጢሮ ፡ ለዖር
* A f. 33 v ሖ ፡ ወበእንተ*ዝ ፡ አንበሮ ፡ ለዖርሖ ፡ በዕቀበት ፤ ወሶበ ፡ ተጸብሐ ፡ ይቤላ ፡
ለዓመቱ ፡ አስተዳልዊ ፡ ዘንተ ፡ በሠናይ ፡ ወእንዘ ፡ ታስተዴሉ ፡ ወደየት ፡ ር
እሰ ፡ ዖርሖ ፡ ውስተ ፡ እሳት ፡ ወረስአቶ ፡ ወረከቦ ፡ ሕፃን ፡ ወበልዖ ። ወበ
ጊዜ ፡ ማዕድ ፡ ኃሠሠ ፡ ባዕል ፡ ርእሰ ፡ ዖርሖ ፡ ወኢረከበ ፡ ወአእመረ ፡ ከ
መ ፡ በልዖ ፡ ሕፃን ፡ ⌈ወውእቱ ፡ ሕፃን [4] ፡ ይኮኖ ፡ አምላክ ፡ ውእቱ ። ወ
አሐዘ ፡ ለባዕል ፡ ቀንዓት ፡ ወተምዓ ፡ ላዕለ [5] ፡ ውእቱ ፡ ሕፃን ፡ ወፈቀደ ፡
ከመ ፡ ይቅትሎ ፡ ወትቤሎ ፡ ብእሲቱ ፡ ኢትቅናዕ ። እስመ ፡ በቀንዓት ፡ ኢ
ይትረከብ ፡ ጸጋ ፡ እግዚአብሔር ፡ ወአልቦ ፡ ነገር ፡ እንበለ ፡ ፈቃደ ፡ እግዚ
* A f. 34 r አብሔር ፡ ዘይከውን ፡ ወኢምንትኒ ፡ ወአቍርር ፡ * መዓተከ ፡ እስመ ፡ አኮ ፡
መፍትው ፡ ትትመአእ ። ወእምዝ ፡ ፈነወቶ ፡ ለሕፃን ፡ ምስለ ፡ ወልዳ ፡ ከመ ፡
ይትመሀር ፡ ቃለ ፡ እግዚአብሔር ። ኀበ ፡ ፩መምሕር ፡ ዘስሙ ፡ አባ ፡ ኢየ
ሱስ ፡ ሞዓ ፡ ውስተ ፡ ደብረ ፡ ሐይቅ ።

ወሶበ ፡ አእመረ ፡ ከመ ፡ ሀሎ ፡ ኃይለ ፡ እግዚአብሔር ፡ ላዕለ ፡ ውእቱ ፡
ሕፃን ፡ አቡነ ፡ ኢየሱስ ፡ ሞዓ ፡ ይቤሎ ፡ ለሕፃን ፡ ለእመ ፡ አገብአ ፡ ለከ ፡
እግዚአብሔር ፡ መንግሥተ ፡ አቡከ ፡ መሐል ፡ ሊተ ፡ ከመ ፡ ትግበር ፡ ፈቃ
ደ ፡ ልብየ ። ወመሐለ ፡ ሎቱ ፡ ወእምዝ ፡ ድኅረ ፡ ተምሕረ ። ወፈጸመ ፡ ኵ
* B f. 10v ሎ ፡ ትምሕርተ ፡ ወፀአ ፡ እምህየ ፡ ወገብአ ፡ ኀበ ፡ ብ*ሔሩ ።

1 B ስልዋያኖስ ፡ — 2 B ወተከሥቱ ፡ — 3 B om. — 4 (B)] A om. — 5 B በላዕለ ፡

ወአስተዋደዮ ፡ ኀበ ፡ ንጉሥ ፡ ለይኵኖ ፡ አምላክ ፡ ወሞቅሖ ፡ ንጉሥ ፡ ላዕለ ፡ * ወግር ፡ ዘስሙ ፡ መሎጥ ። [* A f. 34 v] ወእምድኅረ ፡ ጉንዱይ ፡ ዕለት ፡ ጸፈረ ፡ ይኵኖ ፡ አምላክ ፡ ሐብለ ፡ ዘጸጕረ ፡ ሆባይ ፡ ወወሪዶ ፡ እምወግር ፡ በውእቱ ፡ ሀብል ፡ ሖረ ፡ ኀበ ፡ ኢየሱስ ፡ ሞዓ ፡ ⌜ወአቡነ ፡ ኢየሱስ ፡ ሞዓ [1] ፡ ዘመጽአ ፡ እምደብረ ፡ ዳሞ ፡ ወበጽሐ ፡ ኀበ ፡ ጽንፈ ፡ ባሕር ፡ በቀዳሚ ፡ አመተ ፡ መንግሥቱ ፡ ለንጉሥ ፡ ይትባረክ ፡ ወልዱ ፡ [ለላሊበላ ፡] ወአፍቀራ ፡ ለይእቲ ፡ ደሴት ፡ ወመሐለ ፡ በስመ ፡ እግዚአብሔር ፡ ከመ ፡ ኢይወጽእ ፡ እምኔሃ ፡ ወነበረ ፡ ፳አመተ ። ወእምዝ ፡ መጽአ ፡ ይኵኖ ፡ አምላክ ፡ ወልዱ ፡ ለተስፋ ፡ ኢየሱስ ፡ ለአሚሮ ፡ ጸሞ ፡ ለኢየሱስ ፡ ሞዓ ፡ ወጸሎቶ [2] ፡ መጽአ ፡ ኀቤሁ ፡ አምሲጦ ፡ እመዋቅሕት ፡ ወተማኅፀነ ፡ በጸሎ*ቱ ። [* A f. 35 r] ወይቤሎ ፡ ለእመ ፡ ያገብእ ፡ ሊተ ፡ እግዚአብሔር ፡ መንግሥተ ፡ አቡየ ፡ በጸሎትከ ፡ አነ ፡ እፌጽም ፡ ለከ ፡ ኵሎ ፡ ዘውስተ ፡ ልብከ ፡ ወዘፈተወት ፡ ነፍስከ ፡ ወይቤሎ ፡ አቡነ ፡ ኢየሱስ ፡ ሞዓ ፡ ለይኵኖ ፡ አምላክ ። እንከሰ ፡ ኦወልድየ ፡ ለእመ ፡ አግብአ ፡ ለከ ፡ እግዚአብሔር ፡ መንግሥተ ፡ አቡከ ፡ በጸሎትየ ። ወበጸሎተ ፡ አበውየ ፡ ቅዱሳን ፡ ወበብዝኃ ፡ ሣህሉ ፡ ለአምላኪየ ፡ ኢየሱስ ፡ ክርስቶስ ፡ መሐል ፡ ሊተ ፡ ከመ ፡ ትፍልጥ ፡ አንስተ ፡ ወዕቤራተ ፡ ወታወፅኦን [3] ፡ እምዛቲ ፡ ደሴት ፡ ወትኩን ፡ ዛቲ ፡ ደሴት [4] ፡ መካነ ፡ መነኮሳት ፡ ወይቤሎ ፡ ንጉሥ ፡ ኦሆ ፡ ወመሐለ ፡ ሎቱ ፨

ንግባዕኬ ፡ ኀበ ፡ ጥ[ን]ተ ፡ ነገር ፡ ወንንግ*ር ፡ ምክንያተ ፡ ነገር ፡ [* A f. 35 v] ዘከመ ፡ ተሀይደት ፡ መንግሥት ፡ ⌜እምድል ፡ ነአድ [5] ። ወዘከመ ፡ ነግሠ ፡ ዛጔ ። ወሀለወቶ ፡ ለድልነአድ [6] ፡ አሐቲ ፡ ወለት ፡ ዘስማ ፡ መሶበ ፡ ወርቅ ፡ ወያፈቀራ ፡ ላቲ ፡ ብዙኃ ፡ እምኵሎሙ ፡ ውሉድ ፡ ወይቤልዎ ፡ ማዕምራን ፡ ወጠቢባን ፡ ዘአውሰበ ፡ ኪያሃ ፡ የሐይደከ ፡ መንግሥተከ ፡ ወበእንተዝ ፡ ሐደገ ፡ አስተዋስቦታ ፡ ወአንበራ ፡ ውስተ ፡ ቤቱ ፡ ወብዙኃት ፡ አብያተ ፡ ክርስቲያናት ፡ በመዋዕሊሁ ፡ ተሐንጸ ፡ በጽንፈ ፡ ባሕር ። ወ፯ወሬዛ ፡ ዘእምነገደ ፡ ሔጳጳ ፡ ሖረ ፡ ወቦአ ፡ ውስተ ፡ ቤተ ፡ ንጉሥ ፡ ወኮነ ፡ ለንጉሥ ፡ አርከ ፡ ምዕ

[1] B ወኢየሱስ ፡ ሞዓ ፡ — [2] B ወጸሎት ፡ — [3] (B)] A ወተወፅኦን ፡ (sic) — [4] B መካን ፡ — [5] B እምድልነዓድ ፡ — [6] B ለድልነዓድ ፡

መነ ፡ ዘይበውዕ ፡ ወይወፅእ ፡ ውስተ ፡ ታእካሁ ፤ ወርእየ ፡ ለወለተ ፡ ንጉ
* A f. 36 r ሥ ፡ ወፈተዋ ፡ * ይእቲኒ ፡ ፈተወቶ ፡ ወተዚያነው ፡ ፍትወተ ፡ ልቦሙ ፡ ወ
መዓደቶ ፡ መሶበ ፡ ወርቅ ፡ ለወሬዛ ፡ ዘስሙ ፡ ተክለ ፡ ሃይማኖት ፡ ወትቤ
* B f. 11 r ሎ ። እስመ ፡ አቡየ ፡ ንጉሥ ፡ የዓቅበኒ ፡ ወያነብረኒ ፡ ውስተ ፡ ጽርሑ ፡ *ኢ
ይጸእ ፡ አፍአ ፡ ወኢይትረከብ ፡ ምስለ ፡ ብእሲ ፡ ሰሚያ ፡ ምክረ ፡ ጠቢባን ።
ወነገረ ፡ ሐላምያን ፡ ዘይቤልዎ ፡ ዘአውሰበ ፡ ወለተከ ፡ ይነሥእ ፡ መንግሥተ
ከ ፡ በእንተ ፡ ዝንቱ ፡ ነገር ፡ ኢይትከሀለኒ ፡ ተረክቦ ፡ ምስሌከ ፡ ወባሕቱ ፡
ቦ ፡ ልማድ ፡ ለአቡየ ። እስመ ፡ ቦ ፡ ደዌ ፡ ላዕሌሁ ፡ ሶበ ፡ ይስህን ፡ እሳ
ተ ፡ ይትነሣእ ፡ ደዌሁ ። ወሶበ ፡ ይገሥሥዎ ፡ ዘባኖ ፡ ይሢወር ፡ ልቡናሁ ፡
* A f. 36 v ⌈ወየኃጥእ ፡ ህሊናሁ [1] ፡ እመኒ ፡ ይስእልዎ ፡ መንፈቀ ፡ መንግሥቱ ፡ ኢይ*ከ
ልእ ። ወይእዜኒ ፡ በዊኣከ ፡ ውስተ ፡ ጽርኁ ፡ ለአቡየ ፡ እንዘ ፡ ይስህን ፡ እሳ
ተ ፡ ጊዜ ፡ ተንሥአ ፡ ደዌሁ ፡ በስሒክ ፡ ፋዞ ፡ ዘባኖ ፡ ወበሎ ፡ ንበኒ ፡ ወለ
ተከ ፡ መሶበወርቅሃ ፡ ትኩነኒ ፡ ብእሲተ ። ወአነሂ ፡ እከውነከ ፡ ወልደ ፡ በኵ
ረ ። ወዘንተ ፡ ምዕዳነ ፡ ሰሚያ ፡ ወአሌ ፡ ንጉሥ ፡ ተክለ ፡ ሃይማኖት ፡ ዘእም
ነገደ ፡ ሔጳጳ ፡ ቦአ ፡ ውስተ ፡ ጽርኀ [2] ፡ ንጉሥ ፡ ወረከቦ ፡ ለንጉሥ ፡ እንዘ ፡
ይስህን ፡ እሳተ ፡ በንእስት ፡ አራተ ፡ ወርቅ ፡ በከመ ፡ አልመደ ፡ ቀዳሚ ፡
ጊዜ ፡ ደዌሁ ፡ ስሒክ ፡ ቀርበ ፡ ኀቤሁ ፡ ለንጉሥ ፡ ተክለ ፡ ሃይማኖት ፡ ወፎ
ዘ ፡ ዘባኖ ፡ ወተፈሥሐ ፡ ንጉሥ ። ወእም[ብ]ዝኃ ፡ ፍሥሐሁ ፡ ኮነ ፡ እንበዘ ፡
ልቡናሁ ፡ ወሰአሎ ፡ ተክለ ፡ ሃይማኖት ፡ ወይቤሎ ፡ ንበኒ ፡ መሶበ ፡ ወር
* A f. 37 r ቅሃ ። * ወይቤሎ ፡ ንጉሥ ፡ ኦሆ ፡ ወደገሠ ፡ ተክለ ፡ ሃይማኖት ፡ ስኢሎቶ ፡
ለንጉሥ ፡ ለለ ፡ ኅደገ ፡ ፈዊዞ ፤ ወይቤሎ ፡ ንጉሥ ፡ ሰዳ ፡ ወሀብኩከ ፡ ወሠለ
ሰ ፡ ተክለ ፡ ሃይማኖት ፡ ስኢሎቶ ፡ እንዘ ፡ ይብል ፤ ለእመ ፡ ኦሆ ፡ ብህልከ
ኒ ፡ ይትጋብኡ ፡ ሕጽዋኒከ ፡ ወሥዩማኒከ ፡ ⌈ወመገብተ ፡ ቤትከ [3] ፡ ይሰም
ዑ ፡ ሊተ ፡ ቃለከ ። ወይቤ [4] ፡ ንጉሥ ፡ ኦሆ ፡ ይምጽኡ ። ወዘንተ ፡ ሰሚዓ ፡
መሶበ ፡ ወርቅ ፡ አስተጋብአቶሙ ፡ ለኵሎሙ ፡ ወሰምዑ ፡ ቃለ ፡ ንጉሥ ፡ ⌈ወ
እምዝ ፡ መጽኦ ፡ ለንጉሥ ፡ ድቃስ ፡ ዐቢይ ፡ ደቀሰ [5] ፡ ወኖመ ፡ [እ]ስከ ፡

[1] B om. — [2] (B)] A om. corrupte — [3] B om. — [4] B ወይቤሎ ፡ — [5] B ወእምዝ ፡ መጽኦ ፡ ድቃስ ፡ ለንጉሥ ፡

ሳኒታሁ ። ወዘእንበለ ፡ ይንቃሕ ፡ ንጉሥ[1] ፡ እምንዋሙ ፡ ተንሥአት ፡ መሶበ ፡ ወርቅ ፡ ወአስተፋጠነት[2] ፡ ሐዊረ ። ወነሥአት ፡ ⌜እምቤተ ፡ መንግሥት ፡ ኵሎ ፡ ዘይደ*ሉ[3] ፡ ወሖረት ፡ ወተለወቶ ፡ ለተክለ ፡ ሃይማኖት ፡ ብእሲሃ ፡ [* A f. 37 v] በከመ ፡ ይቤ ፡ ወንጌል ፡ ብእሲ ፡ ወብእሲት ፡ ፩ሥጋ ፡ እሙንቱ ። ወበእንተዝ ፡ የኃድግ ፡ ብእሲ ፡ አባሁ ፡ ወእሞ ፡ ወይተልዋ ፡ ለብእሲቱ ። ወብእሲትኒ ፡ ትተልዎ ፡ ለብእሲሃ ።

ወተድሕሉ ፡ ተክለ ፡ ሃይማኖት ፡ ወመሶበ ፡ ወርቅ ፡ እምገጸ ፡ ንጉሥ ፡ ድልነአድ ፤ ወበጽሑ ፡ ምድረ ፡ ላስታ ፡ ወእምድኅረ ፡ ተድሕሉ ፡ ነቂሆ[4] ፡ ንጉሥ ፡ እምንዋሙ ፡ ⌜አመ ፡ ሳኒታሁ[1] ፡ ተስእሎሙ ፡ ለሰብአ ፡ ቤቱ ፡ ነገረ ፡ ወለቱ ፡ መሶበ ፡ ወርቅ ። ወነገረ ፡ ወአሊሁ ፡ ቶክለ ፡ ሃይማ*ኖት ፡ ወዜነው [* B f 11 v] ዎ ፡ ኵሎ ፡ ዘኮነ ፡ ወነደ ፡ ልቡ ፡ ከመ ፡ እሳት ፤ ወተከዘ ፡ ጥቀ ፡ ወፈነወ ፡ ላእካነ ፡ እንዘ ፡ ይብል ። ኦወ*ልድየ ፡ ተክለ ፡ ሃይማኖት ፡ ለምንት ፡ ተድሕ [* A f. 38 r] ልከኒ ፡ ወለምንት ፡ ሌለይከኒ ፡ እምወለትየ ። ወይእዜ ፡ ግባእ ፡ ኀቤየ ፡ ወአነ ፡ እባርከከ ፡ ወእፌንወከ ፡ በሰላም ፡ ውእቱሰ ፡ አበየ ፡ ወይቤ ፡ እንከሰ[5] ፡ ኢይገብእ ፡ ኀቤከ ። እስመ ፡ እግዚአብሔር ፡ አውጽአኒ ፡ እምእዴከ ። ወእምዝ ፡ ገብረ ፡ ጸብአ ፡ ምስሌሁ ፡ ወሔደ ፡ መንግሥቶ[6] ፡ ወነግሡ ፡ አንጋደ[7] ፡ ሔጻጸ ፡ ፲፻ወ፳ወ፲ ፡ ዓመተ ።

ወእምዝ ፡ ተንሥአ ፡ ይኵኖ ፡ አምላክ ፡ ዘውእቱ ፡ ሳብእ ፡ እምድልነአድ ፤ ወሖረ ፡ ኀበ ፡ ኢየሱስ ፡ ሞዓ ፡ ወበጽሐ ፡ ኀበ ፡ ጽንፈ ፡ ባሕር ፡ ወለአከ ፡ ኀቤሁ ፡ ከመ ፡ ይምጻእ ፡ ወይጻእ ፡ እምደብር ፡ ወመጽአ ፡ አቡነ ፡ ኢየሱስ ፡ ሞዓ ፡ በሐ*መር ፡ ምስለ ፡ አርዳኢሁ[8] ፡ ኀረየነ ፡ ክርስቶስ ፡ ወኒሩተ ፡ አም [* A f. 38 v] ላክ ፡ ወይቤ ፤ እስመ ፡ ብየ ፡ መሐላ ፡ ኢይወርድ ፡ እምሐመር ። ወቦአ ፡ ንጉሥ ፡ ውስተ ፡ ባሕር ፡ እስከ ፡ ሐቌሁ ፡ ወቆመ ፡ እንዘ ፡ አቡነ ፡ ኢየሱስ ፡ ሞዓ ፡ ይነብር ፡ ላዕለ ፡ ሐመር ፡ ወይቤሎ ፡ ኦአቡየ ፡ ኢትርስአኒ ፡ በጸሎትከ ። ከመ ፡ እረስ ፡ መንግሥተ ፡ አቡየ ፡ ዳዊት ፡ ዘወረሳ ፡ ዛጌ ፡ እንዘ ፡

[1] B om. — [2] (B)] A ወአስተፋጠነ ፡ (corrupte) — [3] B ኵሎ ፡ ዘይደሉ ፡ እምቤተ ፡ አቡሃ ፡ — [4] B ወነቂሆ ፡ — [5] B እንከሰኬ ፡ — [6] A add. corrupte ወነግሥቶ ፡ — [7] B ነገድ ፡ (sic) — [8] B አርድእት ፡

ኢድልወቱ ፡ ሎቱ [1] ፡ ወለእመ ፡ ኮነ ፡ ዝንቱ ፡ ነገር ፡ በጸሎትከ ፡ ቅድስት ፡ እሁበከ ፡ ሣልስተ [2] ፡ መንግሥትየ ። ወወሀቦ ፡ ዘንተ [1] ፡ ኪዳነ ። ወአውሥአ ፡ አቡነ ፡ ኢየሱስ ፡ሞዓ ፡ ወይቤሎ ፡ አውፅእ ፡ አንስተ ፡ ከመ ፡ ትግበር ፡ እምዝ ፡ ሀበኒ ፡ ኪዳነ ፡ ⌈ወወሀቦ ፡ ኪዳነ [3] ፡ ከመ ፡ ያውፅእ ፡ ሎ
* A f. 39 r ቱ ፡ አንስተ ። ወእምዝ ፡ * ባረኮ ፡ ወወሀቦ ፡ ሰላመ ፡ አቡነ ፡ ኢየሱስ ፡ ሞዓ ፡ ከመ ፡ ያግብእ ፡ በእዴሁ ፡ መንግሥተ ፡ ዳዊት ፡ አቡሁ ። ወዓዲ ፡ ወሀቦ ፡ ይኩኖ ፡ አምላክ ፡ ለአቡነ ፡ ኢየሱስ ፡ ሞዓ ፡ ወነቢረ [4] ፡ ጊዜ ፡ ይትነበብ ፡ ⌈ማኅተም ፡ ዘንጉሥ [5] ፡ ወሢመተ ፡ ዘውእቱ ፡ ዓቃቤ ፡ ሰዓት ፡ ወበዓለ ፡ ዓፀ ድኒ ፡ ከመ ፡ ኢይበል [6] ፡ ሀለወኒ ፡ ውስተ ፡ ይእቲ ፡ ደሴት ፤ እንበላ ፡ መነኮ ስ ፡ ወመሥመሬ ፡ መምሕር ።

ወእምዝ ፡ ሖረ ፡ በሰላም ፡ ይኩኖ ፡ አምላክ ፡ ንጉሥ [1] ፡ መንገለ [7] ፡ በጌ ፡ ምድር ። ወረከቦ ፡ ለፀሩ ፡ ዛጔ ፡ በምድ[ረ] ፡ አንሰታ ፡ ዘእምድረ ፡ ጋይንት ። ወቀተሎ ፡ በውስተ ፡ ዓፀደ ፡ ቤተ ፡ ክርስቲያን ፡ ዘውእቱ ፡ ቂርቆስ ፡ እስመ ፡ ዛጔ ፡ ንጉሥ ፡ ቦአ ፡ ውስተ ፡ ⌈ቤተ ፡ ክርስቲያነ ፡ ቅዱስ ፡ ቂርቆስ [8] ፡ ወይ
* A f. 39 v *ቤ ፡ ተማኅፀንኩ ፡ ብከ [1] ፡ ሶቂርቆስ ፡ ወንጉሥ ፡ ይኩኖ ፡ አምላክ ፡ እንዘ ፡ ይብል ፡ ኢታማኅፅን ፡ ብየ ፡ ሶቂርቆስ ፡ እስመ ፡ ዘእንበለ ፡ አቡሁ ፡ ዛጔ ፡ ነግሠ ፡ ተቀትለ [9] ፡ በእዴሁ ፡ ለይኩኖ ፡ አምላክ ፡ ወአግብአ ፡ ይኩኖ ፡ አምላክ ፡ መንግሥቶ ፡ እምእደ ፡ ዛጔ ፡ በ፲፻፷ወ፲ ፡ ዓመት ፡ ወእምፍጥረተ ፡ ዓለም ፡ በ፷፻ወ፯፻፷ወ፪ አመት ፡ ወእመንግሥተ ተንባላት ፡ በ፳፻፵ወ፳ ዓመት ፡ ወነ
* B f. 12 r ግሠ ፡ በፈቃደ ፡ እግዚአብሔር ፡ ⌈ወበጸሎቱ ፡ ቅድስት ፡ ለአቡነ [10] ፡ *ኢየሱ ስ ፡ ሞዓ ።

ወተዘከረ ፡ ይኩኖ ፡ አምላክ ፡ ንጉሥ [1] ፡ ከመ ፡ በጸሎቱ ፡ ⌈ለአቡነ ፡ ኢየ ሱስ ፡ ሞዓ [11] ፡ ዘኮነ ፡ ዝንቱ ፡ ነገር ፡ ወፈነወ ፡ ሶቤሃ ፡ ፩እምቀኍልዒሁ [12] ፡
* A f. 40 r ኀበ ፡ አቡነ ፡ ኢየሱስ ፡ ሞዓ ፡ እንዘ ፡ ይ*ብል ፡ ረከብኩ ፡ መንግሥተ ፡ አቡየ ፡ ዳዊት ፡ ወቀተልኩ ፡ ፀርየ ፡ በጸሎትከ ፡ ቅድስት ፤ ወአነሂ ፡ እመጽእ ፡ ኀ

[1] B om. — [2] (B)] A ሣልሰ ፡ — [3] A om. corrupte — [4] B ነቢረ ፡ — [5] B ማኅተመ ፡ ንጉሥ ፡ — [6] B ኢበል ፡ (sic) — [7] (B)] A om. — [8] B ቤተክርስቲያኑ ፡ ለቂርቆስ ፡ — [9] B ወተቀትለ ፡ — [10] B ወበጸሎተ ፡ አቡነ ፡ — [11] B ለኢየሱ ስ ፡ ሞዓ ፡ — [12] B ፩ላእከ ፡ እመገብቱ ፡

ቤከ ። ወውእቱኒ [1] ፡ አቡነ ፡ ኢየሱስ ፡ ሞዓ ፡ አእሚሮ ፡ በጸጋ ፡ እግዚአብሔር ፡ እምቅድመ ፡ ይልአከ ፡ ኀቤሁ ፡ ንጉሥ [2] ፡ ለአከ ፡ ኀቤሁ ፡ ፩ላእከ ፡ ላእከ ፡ ንጉሥኒ [3] ፡ ወለእከ ፡ ኢየሱስ ፡ ሞዓ ፡ ተራከቡ ፡ በምድረ ፡ ዳውንት ፡ ዘውእቱ ፡ ባሕር ፡ ቀጋ ። ወተዛውዑ ፡ ፪ሆሙ ፡ ወነገሮ ፡ ላእከ ፡ ንጉሥ ፡ ነገሮ ፤ ወላእከ ፡ አቡነ [4] ፡ ኢየሱስ ፡ ምዓ ፡ ነገሮ ፤ ከመ ፡ ውእቱ ፡ መጽአ ፡ ⌈ወእምነበ ፡ አቡነ [5] ፡ ኢየሱስ ፡ ሞዓ ፡ ወእምዝ ፡ መጽአ ፡ ውእቱ [4] ፡ ላእከ ፡ ንጉሥ ፡ ኀበ ፡ አቡነ [6] ፡ ወላእከ ፡ ኢየሱስ ፡ ሞዓ ፡ ሖረ ፡ ኀበ ፡ ንጉሥ ፡ ወሶበ ፡ በጽሐ ፡ ውእቱ ፡ ልዑክ [7] ። ነገሮ [8] ፡ መልእክቶ ፡ ለንጉሥ ። * ወእምዝ (* A f. 40 v) ፡ ድኅረ ፡ አስተራትአ ፡ ንጉሥ [4] ፡ ኵሎ ፡ ቤተ ፡ መንግሥቱ ፡ ወአግረረ ፡ ፀሮ ፡ ወጸላእቶ ፡ መጽአ ፡ ኀበ ፡ ኢየሱስ ፡ ሞዓ ፡ ወኀበ ፡ ደብረ ፡ እስጢፋኖስ ፡ ቀዳሚ ፡ ሰማዕት ፡ ወበጽሐ ፡ ኀበ ፡ ጽንፈ ፡ ባሕር ። ወይቤሎ ፡ ለአቡነ ፡ ኢየሱስ ፡ ሞዓ ፡ ነአ ፡ ፀእ ፡ እምውስጥ ፡ ወንትራከብ ። ወይቤሎ ፡ አቡነ ፡ ኢየሱስ ፡ ሞዓ ፡ አንሰ ፡ ኢይወፅእ ፡ እምውስጥ [4] ፡ እስመ ፡ ብየ ፡ መሐላ ፡ ኢይጻእ ፡ እምውስጥ ፡ ወኢይርግጽ ፡ ጽንፋ ፡ ባሕቱ [9] ፡ አንተ ፡ ነዓ ፡ ኀቤየ ፡ ወይቤሎ ፡ ንጉሥ ፡ እመ ፡ እበውእ ፡ አነ ፡ ውስጠ ፡ ኢያገምረኒ ፡ መካን ፡ እስመ ፡ ብዙኅ ፡ ሠራዊትየ ፡ ባሕቱ [10] ፡ አንተ ፡ ነዓ ፡ ተጽኢነካ ፡ በሐመር ። ወእንዘ ፡ ኢትወርድ ፡ እምላዕለ ፡ ሐመር ፡ ንትዋነይ ። ወዘንተ ፡ ሰሚዖ ፡ አቡነ ፡ ኢየ*ሱስ (* A f. 41 r) ፡ ሞዓ ፡ ወፅአ ፡ እምውስጥ ፡ በሐመር ፡ ኀበ ፡ ጽንፈ ፡ ባሕር ። ወቆመ ፡ ሐመር ፡ ውስተ ፡ መርሶ ፡ ወኢወረደ ፡ አቡነ ፡ ኢየሱስ ፡ ሞዓ ፡ እምላዕለ ፡ ሐመር ፡ ተዘኪሮ [11] ፡ መሐላሁ ፡ ዘመሐለ [4] ፡ ወይቀውሙ ፡ አቡነ ፡ ኄሩተ ፡ አምላክ ፡ ወተክለ ፡ ኢየሱስ ፡ ወልደ ፡ እኁሁ ። በሥጋ ፡ ወልደ [12] ፡ ዚአሁ ፡ በጸጋ ፡ በየማኑ ፡ ወበጸጋሙ [13] ፡ ወቦአ ፡ ንጉሥ ፡ ውስተ ፡ ባሕር ፡ እስከ ፡ ብረኪሁ ። ወይቤሎ ፡ ለአቡነ ፡ ኢየሱስ ፡ ሞዓ ፡ ኦአባ ፡ ባርከኒ ፡ እንሣእ ፡ በረከተከ ፡ ወይቤሎ ፡ አቡነ ፡ ኢየሱስ ፡ ሞዓ ፡ ⌈ለንጉሥ ፡ ይኩኖ ፡ አምላክ [4] ፡ እግዚአብሔር ፡ ይባርከ ፡ ወይስረይ ፡ ለከ ፡ ኃጢ

[1] B ወውእቱ ፡ — [2] B ይኩኖ ፡ አምላክ ፡ — [3] B ንጉሥ ፡ — [4] B om. — [5] B እምነበ ፡ — [6] B ኢየሱስ ፡ ሞዓ ፡ — [7] B ላእክ ፡ — [8] B ነገረ ፡ — [9] B ወባሕቱ ፡ — [10] B ወባሕቱ ፡ — [11] B ዘኪሮ ፡ — [12] B ወወልደ ፡ — [13] B በጸጋሙ ፡

አተከ ። ወዘንተ ፡ ብሂሎ ፡ ባረኮ ፡ አቡነ ፡ ኢየሱስ ፡ ሞዓ ፡ ⸢ለንጉሥ ፡ ይኰ
* A f. 41 v ኖ ፡ አምላክ [1] ፡ ወን*ጉሥኒ [2] ፡ ተባረከ ፡ እምኔሁ ፡ ወሰዓመ ፡ መስቀለ ፡ ዘ
ውስተ ፡ እደሁ ። ወእምዝ ፡ ይቤሎ ፡ ንጉሥ [3] ፡ ይኰኖ ፡ አምላክ ፡ ለአቡነ ፡
ኢየሱስ ፡ ሞዓ ፡ ንግረኒ ፡ ጸሐቀ ፡ ልብከ ፡ ከመ ፡ እፈጽም ፡ ለከ ፡ ዘሰ
አልከኒ ። ወይቤሎ ፡ አቡነ [3] ፡ ኢየሱስ ፡ ሞዓ ፡ ቀዳሚኒ ፡ አመ ፡ መጻእከ ፡
ኀቤየ ፡ ለተማኅፅኖ ፡ ነገርኩከ ፡ ከመ ፡ ትፍልጥ ፡ አንስተ ፡ እምአደው ፡ ወት
ረስያ ፡ ለዛቲ ፡ መካን ፡ ቤተ ፡ መነኮሳት ፡ ወይእዜኒ ፡ ይጻእ ፡ እምአፉከ ፡
* B f. 12 v ትእዛዝ ፡ ዘይብል ፡ ጻኣ ፡ አንስት ፡ * እምዛቲ ፡ ደሴት ። ወገብረ ፡ ንጉሥ ፡
በከመ ፡ ይቤሎ ፡ አቡነ ፡ ኢየሱስ ፡ ሞዓ ፡ ወአዘዞን ፡ ለአንስት ፡ ይጻኣ [4] ፡
እምደሴት ። ወይቤሎን ፡ አንትን ፡ አንስት ፡ ነዓ ፡ ጻኣ ፡ እምዝየ ፡ ወንበራ ፡
* A f. 42 r ምስሌየ ፡ ውስተ ፡ ትዕይንትየ ፡ እ*ስመ ፡ ዛቲ ፡ ደሴት ፡ ትደሉ ፡ ለመነኮ
ሳት ፡ ወለክን ፡ ይደልወክን ፡ ነቢር ፡ ምስሌየ ። ወፀኣ ፡ አንስት ፡ ለለ [5] ፡ ይ
በክያ ፡ ወይቤላሁ ፡ ⸢ለዝንቱ ፡ መነኮስ [6] ፡ እዴሁ ፡ እኂዘነ ፡ አባእናሁ [7] ፡ ው
ስተ ፡ ሀገርነ ፡ ወእኂዞ ፡ እዴነ ፡ አውፅአነ ፡ እምሀገርነ ፡ ወዘንተ ፡ እንዘ ፡ ይ
ብላ ፡ ⸢ወእንዘ ፡ ይበክያ [8] ፡ ሖራ ። ወእንዘ ፡ የሐውራ ፡ ቦ ፡ እለ ፡ ሖራ ፡ ኀበ ፡
ትእይ[ን]ተ ፡ ንጉሥ ። ወቦ ፡ እለ ፡ ሖራ ፡ ኀበ ፡ ካልእ ፡ ብሔር ። ወቦ ፡ እለ ፡
ተርፋ ፡ በጽንፈ ፡ ባሕር ፡ ውስተ ፡ ርስተ ፡ መነኮሳት ፡ ከዊኖን ፡ መበለታ
ተ [9] ፡ ወአሐቲ ፡ እንዘ ፡ ትወፅእ ፡ እምደሴት ፡ አሐዘ ፡ ⸢ሕማም ፡ ለወሊ
ድ [10] ፡ ወወለደት ፡ ወልደ ፡ በጽንፈ ፡ ባሕር ። ወበእንተዝ ፡ ተሰምየ ፡ ምጽ
ገበታ ።

* A f. 42 v ወተካየዱ ፡ ንጉሥ [3] ፡ ይኰኖ ፡ አምላክ ፡ ወአቡነ ፡ ኢየሱስ ፡ ሞዓ ፡ * ብ
ዙኃ ፡ ኪዳናተ ፡ ወ፩እመነ ፡ ኪዳናቲሆሙ ፡ ነቢር ፡ ለደቂቀ ፡ ኢየሱስ ፡ ሞ
ዓ ፡ ጊዜ ፡ ይትነበብ ፡ ማኅተመ ፡ ንጉሥ ፡ ከመ ፡ ነበረ ፡ ኢየሱስ ፡ ሞዓ ፡ አ
ቡሆሙ [3] ፡ መልዕልተ ፡ ሐመር ፡ እንዘ ፡ ይትካየድ ፡ ምስለ ፡ ንጉሥ ፡ ወካል
እ ፡ ኪዳን ፡ ከመ ፡ ኢየአምጹ ፡ ወኢይሒዱ ፡ ነገሥት ፡ ውሉዱ ፡ ለንጉሥ ፡

[1] B ለይኰኖ ፡ አምላክ ፡ — [2] B ወውእቱ ፡ — [3] B om. — [4] (B)] A ይጻእ ፡ (corrupte) — [5] B እንዘ ፡ — [6] B ለዝንቱ ፡ ኢየሱስ ፡ ሞዓ ፡ — [7] B ዘአባእናሁ ፡ — [8] B ወይበክያ ፡ — [9] (B)] A መበለታት ፡ — [10] B ሕማመ ፡ ወሊድ ፡

ወመኳንንት ፡ መትልዋኒሁ [1] ፡ ጉልተ ፡ ⌜ዘወሀቦ ፡ ለኢየሱስ ፡ ሞዓ ፡ ውእቱ ፡ ወአቡሁ [2] ፡ ድል ፡ ነአደ ፡ ዘወሀቦ ፡ ለእስጢፋኖስ ፡ እምቅድመ ፡ አቡነ ፡ ኢየሱስ ፡ ሞዓ ፡ ወሣልስ ፡ ኪዳን ፡ ከመ ፡ ያምስጥ ፡ እምፍትሐ ፡ ሞት ፡ ወይድኅን ፡ እምተሞቅሖ ፡ ዘቀተለ ፡ ነፍሰ ፡ አው ፡ ዘሔደ ፡ ንዋየ ፡ እምከመ ፡ ሰበረ ፡ መዋቅሕተ ፡ ወቦአ ፡ ውስተ ፡ ዛቲ ፡ ደሴት ፡ እኂዞ ፡ እልገተ ፡ ወራብእ ፡ ኪዳን ፡ ከመ ፡ ኢይበል ፡ በ*ዓለ ፡ ርስት ፡ በልደተ ፡ ሥጋ ፡ ብየ ፡ ር * A f. 43 r
ስተ ፡ ዘእንበለ ፡ በልደተ ፡ መንፈስ [3] ፡ በከመ [4] ፡ ይቤ ፡ ሐዋርያ ፡ ጴጥሮስ ፡ ተፋቀሩ ፡ በበይናቲክሙ ፡ ከመ ፡ ሰብእ ፡ እለ ፡ ተወልዱ ፡ ፍጹመ ፡ አኮ ፡ እምዘርእ ፡ ዘይደመስስ ፤ አላ ፡ እምዘርእ ፡ ዘኢይጠፍእ ። ወሐምስ ፡ ኪዳን ፡ ከመ ፡ ኢይንሣእ ፡ ርስተ ፡ ዘኢነሥአ ፡ አርዑተ ። ወእንዘ ፡ ይትካየዱ ፡ አኃዞ ፡ እገሪሁ ፡ ለንጉሥ ፡ ሐመግድ ፡ ዘውእቱ ፡ አለቀት ። እስመ ፡ ውስተ ፡ ባሕር ፡ ቦአ ፡ እስከ ፡ ብረኪሁ ፡ ወወፂኦ [5] ፡ ከይሲ ፡ እምባሕር ፡ ተለወየ ፡ ላዕለ ፡ እግረ ፡ በቀል ፡ ዘንጉሥ ፡ ወዘንተ ፡ ርእዮ ፡ አቡነ ፡ ኢየሱስ ፡ ሞዓ ፡ ረገሞሙ ፡ ለከይሲ ፡ ወለሐመግድ ፡ ከመ ፡ ይልሳሕ ፡ ሕምዞሙ ፡ ኢይንስኩ ፡ ሰብአ ፡ ወ*ኢእንስሳ [6] ። * A f. 43 v

ወበጊዜሃ ፡ ሰምዓ ፡ ንጉሥ ፡ ድምፀ ፡ መጥቀዕ ። ወይቤሎ ፡ ለአቡነ ፡ ምንት ፡ ጊዜሁ ፡ ናሁ ፡ ሰማዕኩ ፡ ድምፀ ፡ መጥቀዕ ፤ ወይቤሎ ፡ አቡነ ፡ ፱ሰዓት ፡ ⌜ወይቤ ፡ ንጉሥ ፡ ወሀብኩከ ፡ ሢመተ ፡ ሣልስ ፡ መንግሥትየ ፡ ዘውእቱ ፡ ዓቃቤ ፡ ሰዓት [7] ፡ ወይቤ ፡ አቡነ ። እስመ ፡ አነ ፡ ኢይወፅእ ፡ እምዛቲ ፡ ደሴት ፡ ሀቦ ፡ ሢመተ ፡ ለወ*ልድየ ፡ ዘኢየሱስ ፡ ወተሰምየ [8] ፡ ዘኢየሱስ ፡ * B f. 13 r
ወልዱ ፡ ዓቃቤ ፡ ሰዓት ፡ ዘሐይቅ ። ወአልቦ [9] ፡ እምቅድመዝ ፡ ዘተሰምየ ፡ በዝንቱ ፡ ስም ፡ ዳዕሙ ። ተወጥነ ፡ ቦቱ ።

ወእምዝ ፡ ተመይጠ ፡ ንጉሥ ፡ ኀበ ፡ ትዕይንቱ [10] ፡ ወቦአ ፡ ኢየሱስ ፡ ሞዓ ፡ ውስተ ፡ ደብሩ [11] ፡ ወነበረ ፡ ባቲ ፡ ፵ወ፬ ዓመተ ፡ ወእምኔሁ ፡ ፳ዓመት ፡ መዋዕለ ፡ መንግሥቱ ፡ ለንጉሥ ፡ ይትባረክ ፡ ፲ወ፫ዓመተ ፡ አመተ ፡ መንግ

[1] B om. — [2] B ለኢየሱስ ፡ ሞዓ ፡ ወአቡሁ ፡ (corrupte) — [3] B add. ቅዱስ ፡ — [4] B ከመ ፡ — [5] (B)] A ወፂኦ ፡ — [6] B ወእንስሳ ፡ — [7] (B)] A om. — [8] B ወተሰይመ ፡ — [9] B አልቦ ፡ — [10] B ትዕይንት ፡ — [11] B ሀገሩ ፡

* A f. 44 r ሥቱ ፡ ለይኵኖ ፡ አምላክ ፡ ወ፱ዓመ*ተ ፡ ⸢መንግሥቱ ፡ ለአግብአ ፡ ጽዮን [1] ። ወአመ ፡ ተመይጠ ፡ ኀበ ፡ ትዕይንቱ ፡ ንጉሥ [2] ፡ ይኵኖ ፡ አምላክ ፡ ሖረ ፡ ምስሌሁ ፡ ዘኢየሱስ ፡ ዓቃቤ ፡ ሰዓት ፡ ዘሐይቅ ፡ ወወሀቦ ፡ በቅለ ፡ እንቲአሁ ፡ ዘሐይወት ፡ ⸢እምንስከተ ፡ ከይሲ [3] ፡ በጸሎተ ፡ አቡነ ፡ ⸢ኢየሱስ ፡ ሞዓ [2] ፡ ወተጽኢኖ ፡ ኪያሃ ፡ በጽሐ ፡ ምስለ ፡ ንጉሥ ፡ ኀበ ፡ መካን ፡ ዘይሰመይ ፡ አንቀጸ ፡ መነኮስ ፡ እስከ ፡ ይእዜ ። ወበጺሐ ፡ ንጉሥ ፡ ⸢ህየ ፡ ተመይጦ ፡ ድኅሬሁ [2] ፡ ወርእየ ፡ ለሐይቅ ፡ ወይቤ ፡ ኵሉ ፡ ዘርእየ ፡ ⸢ገጸ ፡ ባሕር [2] ፡ ይኩን ፡ ላቲ ። ወከፈለ ፡ ምድረ ፡ ኀበ ፡ ፲መክፈልት ፡ ⸢፯ክፍል ፡ ለቤተ ፡ ክ[ህ]ነት ፡ ወ፫ክፍል ፡ ለቤተ ፡ መንግሥት [4] ። ወአሚሃ ፡ ወፅአ ፡ ዓዋዲ ፡ እምኀበ ፡ ንጉሥ ። ወአስተኃለፈ ፡ ዘንተ ፡ ሥርአተ ። ወዝሥርአት [5] ፡ * A f. 44 v ሀሎ ፡ እስከ ፡ ይእዜ ። * ወእምዝ ፡ እምይኵኖ ፡ አምላክ ፡ ንጉሥ [2] ፡ እስከ ፡ ዘርአ ፡ ያዕቆብ ፡ ንጉሥ ፡ ነበሩ ፡ ሰብአ ፡ ጉልተ ፡ እስጢፋኖስ ፡ ወጉልተ ፡ ኢየሱስ ፡ ሞዓ ፡ እንዘ ፡ ይትዓየኑ [6] ፡ ምስለ ፡ ንጉሥ ። ⸢ወአመ ፡ ነግሠ ፡ ዘርዓ ፡ ያዕቆብ ፡ ንጉሥ ፡ አጽሐፈ ፡ እንዘ ፡ ይብል ፡ አጽሐፍኩ ፡ አነ ፡ ዘርዓ ፡ ያዕቆብ ፡ ንጉሥ ፡ ወልደ ፡ ዳዊት ፡ ወስመ ፡ መንግሥትየ ፡ ቈስጠንጢኖስ [7] ፡ ኪዳነ ፡ ምሕረትየ ፡ ዘመሀርክዎሙ ፡ ለአበውየ ፡ ቅዱሳን ፡ ⸢ዘመካነ ፡ ሐይቅ [8] ፡ ከመ ፡ ይትሐደግ ፡ ክትማት ፡ ዘንደጋን ፡ እምድርሙ ፡ እምኵሉ ፡ ጉልተ ፡ እስጢፋኖስ ፡ ቀዳሚ ፡ ሰማዕት ፡ ታቦተ ፡ አበውየ ፡ ነገሥት ፡ እለ ፡ እምቅድሜየ ፡ ወኮነ ፡ ምክንያተ ፡ ምሕረትየ ፡ በቀዳሚ ፡ መንግሥትየ ፡ እንዘ ፡ ሀ * A f. 45 r ሎኩ ፡ በምድረ ፡ ዳኅ ፡ ሶበ ፡ ተራከቡኒ ፡ * ሰአልክዎሙ ፡ ከመ ፡ ይትመሐለሉ ፡ ሊተ ። በእንተ ፡ ዐቢ[ይ] ፡ ግብር ። ወፈጸመ ፡ ሊተ ፡ እግዚአብሔር ፡ በጸሎቶሙ ። በእንተዝ ፡ መሐርክዎሙ ፡ ⸢ክተማተ ፡ ዘንደጋን ፡ ወለክቱማንሂ [9] ፡ እለ ፡ ተረክቡ ፡ በውእቱ ፡ ጊዜ ፡ መሐርክዎሙ ፡ እንዘ ፡ እብል ፡ ወል

[1] B om. corrupte — [2] B om. — [3] B እምንስከተ ፡ አርዌ ፡ A autem habet እምንስከት ፡ (sic) — [4] (B)] A ወወሀበ ፡ ፯ክፍል ፡ ለቤተ ፡ መንግሥት ፡ — [5] B om. corrupte, A autem habet ወዘሥርአት ፡ — [6] B እንዘ ፡ ይትዓየን ፡ — [7] B ወአመ ፡ ነግሠ ፡ ዘርዓ ፡ ያዕቆብ ፡ ወልደ ፡ ዳዊት ፡ ወስመ ፡ አጽሐፈ ፡ እንዘ ፡ ይብል ፡ (corrupte) — [8] B ዘሐይቅ ፡ — [9] B ክትማተ ፡ ወለክትማትሂ ፡

ታ ፡ ወኵናተ ፡ ወፀባዒተ ፡ ይኵኒ ፡ ኃይለ ፡ ጸሎቶሙ ። ወይእዜኒ ፡ ኢይ
ባእ ፡ ክተማት [1] ፡ ⌈ውስተ ፡ ምድሮሙ [2] ፡ ውስተ ፡ ጉልተ ፡ እስጢፋኖስ ፡
እስከ ፡ ለዓለም ። ወለእመቦ ፡ ዘአብአ ፡ ክተማተ [3] ፡ ⌈ውስተ ፡ ጉልተ ፡ እስ
ጢፋኖስ [2] ፡ በትእግልት ፡ እመሂ ፡ ንጉሥ ። ወእመሂ ፡ ዐቢይ ፡ ወንዑስ ። ወ
እምኵሉ ፡ ደቂቀ ፡ አዳም ፡ ውጉዘ ፡ ለይኩን ፡ በአፈ ፡ አብ ፡ ወወልድ ፡ ወ
መንፈስ ፡ ቅዱስ ። ወለእሙንቱሂ [4] ፡ ቅዱሳን ፡ *ግዘት ፡ ቦሙ ፡ ከመ ፡ ኢይ * A f. 45 v
ርስሑኒ ፡ በጸሎቶሙ ፡ እመኒ ፡ በሕይወትየ ፡ ወእመኒ ፡ በሞትየ ። ወአነሂ ፡
ተማኅፀንኩ ፡ ቦሙ ፡ ወይርድአኒ ፡ *ኃይለ ፡ ጸሎቶሙ ፡ ለዓለመ ፡ ዓለም ፡ * B f. 13 v
አሚን ፡ ⌈ወአሚን ፡ ለይኩን ፡ ለይኩን [2] ።

በስመ ፡ ሥሉስ ፡ ቅዱስ ፡ ዕበየ ፡ መለኮቱ [5] ፡ ዘኢይትከሃል ፡ ለተነግሮ ፡ ቀ
ዳማዊኒ ፡ ዘኢያእመረ ፡ ምሥጢሮ ፡ ወድኅራዊኒ ፡ ዘኢረከበ ፡ አሰሮ ። ዐቢ
ይ ፡ ወግሩም ፡ ዘአልቦ [6] ፡ ዘያገምሮ ። ንጉሠ ፡ ነገሥት ፡ ዘኢይሁብ ፡ ለባዕ
ድ ፡ ክብሮ ። በስመ ፡ እግዚአብሔር ፡ አብ ፡ ኅሩም ፡ እምከዊነ ፡ ወልድ ፡
በሥርዐተ ፡ መለኮት ፡ ዘእንበለ ፡ ዘይሄሉ ፡ ለዝሉፉ ፡ በአብናሁ ። ወበስመ ፡
እግዚአብሔር ፡ ወልድ ፡ ኅሩም ፡ እምከዊነ ፡ አብ ፡ በሥር*ዓተ ፡ መለኮት ፡ * A f. 46 r
ዘእንበለ ፡ ዘይሄሉ ፡ ዘልፈ ፡ በወልድናሁ ፡ ወበስመ ፡ እግዚአብሔር ፡ መን
ፈስ ፡ ቅዱስ ፡ ኅሩም ፡ እምከዊነ ፡ አብ ፡ ወወልድ ፡ በሥርዓተ ፡ መለኮት ፡
ዘእንበለ ፡ ዘይሄሉ ፡ ዘልፈ ፡ በመንፈሰ ፡ ቅድስናሁ ። እስመ ፡ መንፈሰ ፡ አ
ብ ፡ ወወልድ ፡ ለሊሁ ። በዘከመዝ ፡ ዝክረ ፡ እግዚአብሔር ፡ ዘ፫ገፃዊሁ ።
ወ፩ህላዌሁ ፡ አሚን ፡ ⌈ወአሚን ፡ ለይኩን ፡ ለይኩን [2] ።

ጸሐፍነ ፡ ለክሙ ፡ ዓዲ ፡ ኪዳነ ፡ ዘተካየዱ ፡ ንጉሥ [2] ፡ ይኵኖ ፡ አምላክ ፡
ወአቡነ ፡ ኢየሱስ ፡ ሞዓ ፡ እንዘ ፡ ይብሉ ፡ ንትካየድ ፡ ኪዳነ [7] ፡ ጽኑዓ ፡ ዘይ
ነብር ፡ ማዕከሌነ ፡ ወበማዕከለ [8] ፡ ዘርእነ ። እስከ ፡ ለዓለም ፡ ወምክንያተ ፡
ኪዳኖሙሰ ፡ ከመዝ ፡ ውእቱ ፡ ከመ [2] ፡ ኢትባዕ ፡ ብእሲት ፡ ውስተ ፡ ዛቲ [9] ፡
ደ*ብር ፡ ወኢበዓለ ፡ ርስት ፡ ወዘኢኮነ ፡ መነኮሳ ፡ ከመ ፡ ኢይሥራዕ ፡ ቤተ ፡ * A f. 46 v

[1] B ክትማት ፡ — [2] B om. — [3] B ክትማተ ፡ — [4] B ወለእሙንቱ ፡ — [5] B መለኮት ፡ — [6] B አልቦ ፡ — [7] (B)] A om. — [8] (B)] A በማዕከለ ፡ — [9] B ይእቲ ፡

ወካዕበ ፡ አውገዘ ፡ ዘነሥአ ፡ ዓዲ [1] ፡ ቅናተ ፡ ወቀሚሰ ፡ ⌈አው ፡ ቆብአ [2] ፡ ወአስኬማ ፡ እምካልዕ ፡ መምሕር ፡ በዘኮነ ፡ ከዊኖ ። ወእመቦ [3] ፡ ብእሲ ፡ እመንገለ ፡ ሥጋ ፡ ዘይበውዕ ፡ ውስተ ፡ ቤተ ፡ ቅዱሳን ፡ ኀሢሦ ፡ ዕርገተ ። እንበለ ፡ ዘኃረዮ ፡ ውእቱ ፡ አረጋዊ ፡ ዘአሥመሮ ። እንዘ ፡ ሀሎ ፡ በሕይወቱ ፡ ውእቱ ፡ ይገብር ፡ ተዝካሮ ፡ ወኪዳናሙሰ ፡ ከመዝ ፡ ውእቱ ፡ ወአቡነሰ [4] ፡ ኢየሱስ ፡ ሞዓ ፡ ነሢኦ ፡ ዘንተ ፡ ኪዳነ ፡ እምኀበ ፡ ይኹኖ ፡ አምላክ ፡ ፈትሐ ፡ አፉሁ ፡ ሶቤሃ ፡ ወይቤ ፡ በቅድመ ፡ ሕዝብ ፡ ወአሕዛብ ፡ ወበቅድሜሁ [5] ፡ ለንጉሥ ፡ ዘንተ ፡ ኪዳነ ፡ ዘተአገለ ፡ ወሄደ ፡ እመሂ ፡ ዓቃቤ ፡ ሰዓት ። [* A f. 47 r] ወእመሂ ፡ * ቄሰ ፡ ገበዝ ፡ ⌈አው ፡ አፈ ፡ ዓቃቤ ፡ ሰዓት [1] ። አው ፡ ዕሬቀ ፡ ማሰሯ ፡ ወሊቀ ፡ ዲያቆናት [6] ፡ እመሂ ፡ ገዛኢ ፡ ወሥዩመ ፡ ምድር ። አው ፡ መኰንን ፡ ⌈አው ፡ ሐራ [7] ፡ ንጉሥ ፡ ወኵሉ ፡ ዘተወልደ ፡ በሥጋ ፡ እንበለ [8] ፡ መንፈስ ፡ ቅዱስ ፡ እስመ ፡ ዘተወልደ ፡ እመንፈስ ፡ ቅዱስ ፡ መንፈሳዊ ፡ ውእቱ ። ውጉዘ ፡ ወቀውመ ፡ ወምቱረ ፡ ለይኩን ። ወርኁቀ ፡ እምጥቃ ፡ ስሉስ ፡ በከመ [9] ፡ ርኅቀ ፡ ዲያብሎስ ፡ ወይትዋቀይ ፡ ክሣዱ ፡ በሰይፈ ፡ ጴጥሮስ ፡ ወጳውሎስ ። ወካዕበ ፡ ውጉዘ ፡ ለይኩን ፡ በአፉሆሙ ፡ ⌈ለተዓይነ ፡ አብ ፡ ወወልድ ፡ ወመንፈስ ፡ ቅዱስ [10] ። ለዓለመ ፡ ዓለም ፡ አሜን ፡ ወአሜን ፡ ለይኩን ፡ ለይኩን ።

[* A f. 47 v] ልዑለ ፡ ዝክር ፡ ወስም ፡ አባ ፡ ኢየሱስ ፡ ሞዓ ፡ ወላዴ ፡ አዕላፍ ። * በጸጋ ፡ ወሰባኬ ፡ ሃይማኖት ፡ ቅድመ ፡ እንግልጋ ፡ ውኂዘ ፡ በረከትከ ፡ ከዐው ፡ [* B f. 14 r] ዲበ ፡ ሰብእናየ [11] ፡ * እንተ ፡ ኢተአምር ፡ ንትጋ ፡ አሜን ፡ ⌈ለይኩን ፡ ለይኩን [1] ።

ስብከት ፡ ዘአቡነ ፡ ኢየሱስ ፡ ሞዓ ፡ ዘሰበኩ ፡ ነዋ ፡ ጸሐፍነ ፡ ለክሙ ። በምድረ ፡ ዳጅ ፡ ወአምባሰል ፡ ወበኵሉ ፡ አድያመ ፡ ኢትዮጵያ ። ቅድመ ፡ ተወልደ ፡ አባ ፡ በጸሎተ ፡ ሚካኤል ፡ እምአቡነ ፡ ኢየሱስ ፡ ሞዓ ፡ ዘሰበከ ፡ ምድረ ፡ አምሐራ ፡ በምልዑ ፡ ነቢሮ ፡ በምድረ ፡ ጎል ። እምቅድመ ፡ ይትወ

[1] B om. — [2] B ወቆብአ ፡ — [3] B እመቦ ፡ — [4] B ወአቡነ ፡ — [5] B በቅድሜሁ ፡ — [6] B ዲያቆን ፡ — [7] B ወሐራ ፡ — [8] B ዘእንበለ ፡ — [9] B ከመ ፡ — [10] B ለሥሉስ ፡ ቅዱስ ፡ — [11] B add. ለገ[ብ]ርከ ፡ ገብረማርያም ፡

ለድ ፡ አቡነ ፡ ተክለ ፡ ሃይማኖት ፡ እምአቡነ ፡ ኢየሱስ ፡ ሞዓ ፡ በምንኩስና ። ወእምድኅረዝ ፡ አባ ፡ ጊዮርጊስ ፡ ዘደብረ ፡ ባሕርይ ፡ ዘሰበከ ፡ ምድረ ፡ ወለቃ ፡ በምልዑ ፡ እስከ ፡ ሸገላ ። [ወ]አባ ፡ ሕዝቀያስ ፡ ወገብረ ፡ እንድርያስ ፡ ዘደብረ ፡ ቆዘት [1] ፡ ዘሰ*በኩ ፡ እኒዘሙ ፡ ምድረ [2] ፡ ወግደ ፡ እስከ ፡ ጐዣም ፡ * A f. 48 r ወእጨ ፡ ዓሮን ፡ ዘደብረ ፡ ዳሬት ፡ ዘሰበከ ፡ እምድረ ፡ ዋድላ ። እስከ ፡ ዳውንት ፡ ወምድረ ፡ ቤጌ ፡ ምድር ፡ እስከ ፡ ደምብያ ፡ ወአባ ፡ ገብረ ፡ ናዝራዊ ፡ ዘበለሳ ። ⸢ሰበከ ፡ እስከ ፡ ትግሬ [3] ፡ ወአባ ፡ ኀሩተ ፡ አምላክ ፡ ዘደብረ ፡ ዳጋ ፡ ⸢ሰበከ ፡ እኒዘ [4] ፡ እምድረ ፡ ሳርካ ፡ እስከ ፡ ጋዝጌ ፡ ወለኵሉ ፡ ምድረ ፡ አለፋ ፡ ወምድረ ፡ አገው ፡ ወአባ ፡ ጊዮርጊስ ፡ ዘጋስጫ ፡ ዘተብህለ ፡ ማኅቶታ ፡ ለኢትዮጵያ ፡ ዘደረሰ [5] ፡ መጽሐፈ ፡ ምሥጢር ፡ ኆኅተ ፡ ብርሃን ፡ ኦርጋኖን ፡ ወሰዓታተ ፡ ሌሊት ፡ ወዘመዓልት [6] ።

ወሲመተ ፡ ዓቃቤ ፡ ሰዓት ፡ ወሀቦ ፡ ለአቡነ ፡ ⸢ኢየሱስ ፡ ሞዓ [2] ፡ ይኰኖ ፡ አምላክ ፡ ⸢ንጉሥ ፡ መያጤ ፡ መንግሥተ ፡ ዳ*ዊት ፡ አቡሁ [2] ፡ ⸢አመ ፡ ተካ * A f. 48 v የዶ ፡ ንጉሥ ፡ ለኢየሱስ ፡ ሞዓ ፡ ነቢሮ ፡ ላዕለ ፡ ሐመር ፡ ወንጉሥኒ ፡ ቀዊሞ ፡ በጽንፈ ፡ ባሕር [7] ፡ ለድኅረ ፡ ዘመን ፡ ወሀቦ [8] ፡ ኪዳነ ፡ ነቢሮሙ ፡ ከመ ፡ ይስምዑ ፡ ውሉዱ ፡ ማኅተመ ፡ ንጉሥ ፡ አሚን [2] ።

ወእምዝ ፡ ተመይጠ ፡ ውስተ ፡ ደብሩ ፡ ወነበረ ፡ ህየ ፡ ወአፈድፈደ ፡ ጾመ ፡ ወጸሎተ ፡ ወተቀንዮ ፡ ለእግዚአብሔር ፡ ወኢያጸርአ ፡ ⸢ሰዓታተ ፡ መዓልት ፡ ወሰዓታተ ፡ ሌሊት [9] ። በኵሉ ፡ ጊዜ ፡ ወሶበ ፡ ይቄድስ ፡ ቊርባነ ፡ ይበርህ ፡ ገጹ ፡ ከመ ፡ ፀሐይ ፡ ወይከውን ፡ ⸢ፍርሃተ ፡ እግዚአብሔር [10] ፡ ለእለ ፡ ይቀውሙ ፡ ውስተ ፡ ቤተ ፡ ክርስቲያን ፡ ወይከውን ፡ ብዙኃ ፡ አንብዕ ፡ ወአርምሞ ፡ እመቦ ፡ ዘርእየ ፡ ውስተ ፡ ቤተ ፡ ክርስቲያን ፡ እንዘ ፡ ይቀውም ፡ በነገረ ፡ ዛውዕ ፡ ይጊሥጾሙ ፡ * ከመ ፡ ያርምሙ ፡ ያጸነግል ፡ መጻሕፍተ ፡ * A f. 49 r ⸢ወይሚህሮሙ ፡ በእንተ ፡ ክርስቶስ [11] ። ወለእለዚ ፡ ሞቱ ፡ ይገንዘሙ ፡ ⸢ወይ

[1] A add. ተወልዱ ፡ — [2] B om. — [3] B ዘሰበከ ፡ ምድረ ፡ ትግሬ ፡ — [4] B ዘሰበከ ፡ — [5] (B)] A ቃውመ ፡ ኮነ ፡ ድርሳናቲሁ ፡ — [6] B ወመዓልት ፡ — [7] B ወተካየዶ ፡ ቀዊሞ ፡ በጽንፈ ፡ ባሕር ፡ — [8] B ወወሀቦ ፡ — [9] B ሰዓያተ ፡ (sic) ሌሊት ፡ ዚመዓት ፡ (sic) — [10] B ፍርሃት ፡ ዘእግዚአብሔር ፡ — [11] B ወይሚህር ፡ በእንተ ፡ ክርስቲያን ፡

ቀብሮሙ ፡ ወተዘካሮሙኒ ፡ ይገብር [1] ። ወበዓለ ፡ እግዚአብሔር ፡ ይገብር ፡ ተዝካረ ፡ ወበዓለ ፡ እግዝእትነ ፡ ማርያም [2] ፡ ወበዓለ ፡ ጻድቃን ፡ ወሰማዕት [3] ። ወበዓለ ፡ ነቢያት ፡ ወሐዋርያት [4] ፡ ⌜ወኢይጸርእ ፡ እምዓመት ፡ እስከ ፡ ዓመት ። ወበዓለ ፡ እስጢፋኖስ ፡ ቀዳሚ ፡ ሰማዕት [5] ፡ ዘይሰውዕ ፡ በማዕዶት [6] ፡ ከዛ ፡ ፳፫አልህምተ ፡ ለእድ ፡ ወለአንስት [7] ፡ ለመኳንንት ፡ ወለመሳፍንት [1] ፡ ወበውሳጤ ፡ ደብርኒ [8] ፡ ፲አልህምት ፡ ለካህናት ፡ ወለመነኮሳት ። ወበዘከመዝ ፡ ግብር ፡ ነበረ ፡ እስከ [1] ፡ ፵ወ፬ ዓመት ፡ በንጹሕ ፡ ተዘኪሮ ፡ (* A f. 49 v) (** B f. 14 v) ዘይቤ ፡ ነቢይ ፡ በመዝሙር ፡ አብደርኩ ፡ እትገደፍ ፡ ው*ስተ ፡ ቤተ ፡ **እግዚአብሔር ። እምእንበር ፡ ውስተ ፡ ኃጥአን ፤ ወእንዘ ፡ ይነብር ፡ ከመዝ ፡ እ[ም]ብዙኅ ፡ መዋዕል ፡ መጽአ ፡ ኀቤሁ ፡ ፩ብእሲ ፡ ኄር ፡ ወቡሩክ ፡ እምብሔረ ፡ ሸዋ ፡ ዘይብልዎ ፡ ተክለ ፡ ሃይማኖት ፡ ተክል ፡ ሐዲስ ፡ ዘበአማን ፡ ⌜ወጽጌ ፡ ንጹሕ [1] ፡ ዘሠረፀ ፡ እምጒንደ ፡ መንግሥት ፡ ወክህነት ፡ ዘእምቤተ [9] ፡ ይሁዳ ፡ ወይቤሎ ፡ ኦአባ ፡ ወአቡየ ፡ ኢየሱስ ፡ ሞዓ ፡ አልብሰኒ ፡ ልብሰ ፡ ምንኵስና ። ወይቤሎ ፡ አቡነ ፡ ኢየሱስ ፡ ሞዓ ፡ ኦሆ ። እስመ ፡ አእመረ ፡ ግብሮ [10] ፡ በመንፈስ ፡ ቅዱስ ፡ ቅድመ ፡ ይምጻእ ፡ ኀቤሁ ። ወሶቤሃ ፡ አልበሶ ፡ አልበሰ ፡ ምንኵስና ፡ ቅናተ ፡ ወቀሚሰ ፡ ወቆብዓ ፡ ነሥአ ፡ እምኔሁ ። ወአንበሮ ፡ ኀቤሁ ፡ መጠነ ፡ ፱ዓመት ፡ ነበረ ፡ ⌜ቅድመ ፡ ይመንኩስ [1] ። (* A f. 50 r) ወእምድኅረ [11] ። መንኮ*ሰ ፡ ፲ዓመተ ፡ ወእምድኅረዝ [12] ፡ ሀለየ ፡ በልቡ ፡ ወይቤ ፡ አሐውር ፡ ብሔርየ ፡ ወአውሥአ [13] ፡ አቡነ ፡ ⌜ቅዱስ ፡ ወብፁዕ ፡ ወፍሡሕ ፡ በኵሉ ፡ ፍናዊሁ ፡ አባ [1] ፡ ኢየሱስ ፡ ሞዓ ፡ ለአቡነ ፡ ተክለ ፡ ሃይማኖት ፡ ኦወልድየ ፡ ብፁዓዊ ፡ ወቅዱሰ ፡ እግዚአብሔር ። ሑር ፡ አምላከ ፡ አበዊከ ፡ እግዚአብሔር [1] ፡ ያሴኒ ፡ ወይሰርህ ፡ ፍኖተከ ። ወእምዝ ፡ ተንሥኡ ፡ ፪ሆሙ ፡ ኅቡረ ፡ ወጸለዩ ፡ ጸሎተ ፡ ወባረኮ ፡ ወእምዝ ፡ ዓደዉ ፡ እንዘ ፡ የሐውሩ ፡ ዲበ ፡ ባሕር ፡ በእግር ፡ ከመ ፡ እንተ ፡ የብስ ፤ ወአቡነሰ ፡ ⌜ጻድቅ ፡ ወየዋህ ፡ ብእሴ ፡ እግዚአብሔር ፡ አባ [1] ፡ ኢየሱስ ፡ ሞዓ ፡ ይቤ

1 B om. — 2 B እግዝእትነ ፡ — 3 B ወበዓለ ፡ ሰማዕት ፡ — 4 B ወበአለ ፡ ሐዋርያት ፡ — 5 B ወበዓለ ፡ እስጢፋኖስ ፡ ወኢያጸርእ ፡ — 6 B ማዕዶተ ፡ — 7 B ወአንስት ፡ — 8 B ደብር ፡ — 9 B ዘእምነገደ ፡ — 10 B ግብረ ፡ — B እምድኅረ ፡ — 12 B ወእምዝ ፡ — 13 B ወአውሥአኒ ፡

ሎ ፡ ለአቡነ ፡ ተክለ ፡ ሃይማኖት ፡ በሎ ፡ ለአቡየ ፡ ዮሐኒ ፡ ቀዳሚ ፡ መጻእኩ ፡ እምኀቤከ ። እስመ ፡ ዘእንበለ [1] ፡ እንሣእ ፡ * አስኬማ ፡ እምኀቤከ [2] ፡ * A f. 50 v አፍቂርየ ፡ ጽሙና ፡ ወብሕታዌ ። ወእምድኅረ ፡ በእኩ ፡ ውስተ ፡ ዛቲ ፡ ⌜ምኔተ ፡ ሐይቅ [3] ፡ ዘተሐፀረት ፡ በባሕር ፡ ይቤለኒ ፡ ንጉሥ ፡ ይኩኖ ፡ አምላክ ፡ ነዓ ፡ እሢምከ ፡ ዓቃቤ ፡ ሰዓት ፡ ወከመ ፡ ትባርክ ፡ መንግሥትየ ። ወእቤሎ ፡ አነ [4] ፡ መሐልኩ ፡ ቀድመ [4] ፡ በስመ ፡ እግዚአብሔር ፡ ኢይወፅእ [5] ፡ እምዛቲ ፡ ደሴት ። ወኢይቀውም ፡ ማዕዶተ ፡ በእግርየ ፡ ውእቱኒ ፡ ንጉሥ ፡ ቀዊሞ ፡ ማዕከለ ፡ ባሕር ፡ እስከ ፡ ሐቌሁ ፤ ወአነሂ ፡ ነቢርየ ፡ መልዕልተ ፡ ሐመር ፤ ወዝንቱ ፡ መሐላ ፡ ቆመ ፡ ቀድሚየ ፡ ወከልአኒ ፡ መጺአ ፡ ኀቤከ ፡ ከመ ፡ እንሣእ ፡ አስኬማ ፡ ዘተርፈኒ ፡ እምኀቤከ [6] ፡ ወናሁ ፡ ፈኑ ፡ * ሊተ ፡ ብሂለ * A f. 51 r ከ ፡ ንግር ። ወአንተኒ ፡ ንሣእ ፡ ቀድመ [4] ፡ አስኬማ ፡ እምኀቤሁ ፡ ኢተርፈ [7] ፡ ብከ ፡ እምኀቤየ ፡ ዘእንበለ ፡ አስኬማ ፡ ወዘንተ ፡ ብሂሎ ፡ ፈነዎ ፡ አቡነ ፡ ኢየሱስ ፡ ሞዓ ፡ ለአቡነ ፡ ተክለ ፡ ሃይማኖት ፡ ደብረ ፡ ዳሞ ፡ ኀበ ፡ አባ ፡ ዮሐኒ ፡ ወእምዝ ፡ ተመይጠ ፡ ውስተ ፡ ደብሩ ፡ በፍሥሐ ፡ ወበሐሤት ፡ በእንተ ፡ ተራክቦቱ ፡ ምስለ ፡ አቡነ ፡ ብእሴ ፡ እግዚአብሔር ፡ ⌜ቅዱስ ፡ ወብፁዕ [4] ፡ አባ ፡ ተክለ ፡ ሃይማኖት ፡ ዘመጽአ ፡ እምብሔረ ፡ ሽዋ ፡ በፈቃደ ፡ እግዚአብሔር ። ወነበረ ፡ በጾም ፡ ወበጸሎት [8] ፡ ⌜በኀድአት ፡ ወበተፋቅሮ ፡ በምጽማዌ ፡ ወበትኅርምት [4] ፡ እንዘ ፡ እግዚአብሔር ፡ ይረድኦ ፡ በኵሉ ፡ * ዘ * B f. 15 r ገብረ [9] ።

ወእምዝ ፡ በጽሐ ፡ አቡነ ፡ ⌜ተ*ክለ ፡ ሃይማኖት [4] ፡ ደብረ ፡ ዳሞ ፡ ቀድ * A f. 51 v ስት [4] ፡ ኀበ ፡ ሀሎ ፡ አባ ፡ ዮሐኒ ፡ ወሶበ ፡ ርእዮ ፡ ⌜አባ ፡ ዮሐኒ ፡ ለአቡነ [10] ፡ ተክለ ፡ ሃይማኖት ፡ ተፈሥሐ ፡ ጥቀ ፡ አፍቀሮ [11] ፡ ወሰአሞ ። ወእምዝ ፡ ዜነዎ ፡ ብዙኃ ፡ ነገረ ፡ በእንተ ፡ ምጽአቱ ፡ እምአቡነ [12] ፡ ኢየሱስ ፡ ሞዓ ፡ ወነገሮ ፡ ኵሎ ፡ ዘከመ ፡ ለአኮ ፡ ወይቤሎ [13] ፡ መጻእኩ ፡ ኀቤከ ፡ አነሂ ፡

[1] B እንበለ ፡ — [2] A add. እንበይነ ፡ ጻሕቀ ፡ ወጽድቀ ፡ — [3] B ደሴት ፡ — [4] B om. — [5] B ከመ ፡ ኢይጻእ ፡ — [6] B ዘእምኀቤከ ፡ — [7] B ኢተርፈት ፡ — [8] B ወጸሎት ፡ — [9] B ግብሩ ፡ — [10] B ለአባ ፡ — [11] (B)] A አፍቀሮ ፡ — [12] B እምኀበ ፡ — [13] B ወይቤ ፡

ከመ ፡ ታልብሰኒ ፡ አስኬማ ። ወዓዲ ፡ እፈቅድ ፡ ከመ ፡ እሑር ፡ ኀበ ፡ መቃብረ ፡ እግዚእነ ። ወይቤሎ ፡ አባ ፡ ዮሐኒ ፡ ሐዊርሰ ፡ ኢይመስለኒ ፤ አላ ፡ ትክውን ፡ ሀለወከ [1] ፡ አባ ፡ ለመነኮሳት ፡ በዝየ ። ወለብዙኃን ፡ አኃው ፡ ወይትአወቀ ፡ ስምከ ፡ ውስተ ፡ ኵሉ ፡ ዓለም ፡ ወባሕቱ ፡ ንነብር [2] ፡ ኅቡረ ፡ ከመ ፡ ያንብረኒ ፡ ሠናየ ፡ መካነ ፡ እግዚአብሔር ። ወዘንተ ፡ ብሂሎ ፡ ወሀቦ ፡ አስ [* A f. 52 r] ኬ*ማ ፡ ወነበሩ ፡ ህቡረ ፡ እንዘ ፡ ይጸመዱ ፡ ጸሎተ ። ወአቡነሰ [3] ፡ ተክለ ፡ ሃይማኖት ፡ ኮነ ፡ ይገብር ፡ ተአምረ ፡ ወመንክረ ፡ ወነበረ ፡ ምስለ ፡ አባ ፡ ዮሐኒ ፡ መጠነ ፡ ፲ዓመት ። ወእምዝ ፡ ገብአ ፡ ኀበ ፡ አባ ፡ ኢየሱስ ፡ ሞዓ ፡ ነሢኦ ፡ አስኬማ ፡ ባሕቲታ ፡ እምኀበ ፡ አባ [1] ፡ ዮሐኒ ፡ ወእምዝ ፡ ይቤሎ ፡ አባ [1] ፡ ኢየሱስ ፡ ሞዓ ፡ መጻእከኑ ፡ ድኅነ [4] ፡ ወልድየ ፡ ወይቤሎ ፡ አባ ፡ ተክለ ፡ ሃይማኖት ፡ ⌜መጻእኩ ፡ ድኅነ ፡ በጸሎትከ ፡ ቅድስት [5] ። ወይቤሎ [1] ፡ አምጻእከኑ ፡ ሊተ ፡ አስኬማ ፡ በከመ ፡ ነገርኩከ ፡ ወይቤሎ ፡ በትሕትና ፡ እወ ፡ አምጻእኩ ፡ ወይቤሎ ፡ ሀበኒ ፡ ⌜ወይቤ ፡ አቡነ [6] ፡ ተክለ ፡ ሃይማኖት ፡ አንበርክዎ ፡ ላዕለ ፡ ⌜መንበሩ ፡ ለእስጢፋኖስ [7] ፡ አንሥአ ፡ በእዴከ ፡ ወግበ [* A f 52 v] ር ፡ አስኬማ ፡ መላእክት ፡ ዘአም*ጻእኩ ፡ ለከ ። ወይቤሎ ፡ አቡነ ፡ ኢየሱስ ፡ ሞዓ ፡ እስመ ፡ ኢይክል ፡ ሰብእ ፡ ነሢአ ፡ ጸጋ ፡ ለሊሁ ፡ ዘእምኀቤሁ ፡ እመ ፡ ኢተውኅቦ ፡ ሎቱ ፡ እምሰማይ ፡ ሀበኒ ፡ አንተ ፡ እንዘ ፡ ወልድየ ፡ ኮነኒ ፡ አቡየ [8] ፤ ወዘንተ ፡ ሶበ ፡ ይቤ ፡ አቡነ ፡ ኢየሱስ ፡ ሞዓ ፡ ወሀቦ ፡ አቡነ [1] ፡ ተክለ ፡ ሃይማኖት ፡ አስኬማ ፡ ዘመላእክት ፡ ወቦ ፡ እለ ፡ ይቤሉ ፡ አምጽአ ፡ ቆብአ ፡ አቡነ ፡ ተክለ ፡ ሃይማኖት ፡ እምአባ [9] ፡ ዮሐኒ ፡ ወወሀቦ ፡ ለአባ ፡ ኢየሱስ ፡ ሞዓ ፡ እስመ ፡ አባ ፡ ኢየሱስ ፡ ሞዓ ፡ መጽአ ፡ እምአባ [10] ፡ ዮሐኒ ፡ ዘእንበለ ፡ ይንሣእ ፡ ቆብአ ፡ ብሂልሰ ፡ ዘንተ ፡ እበድ ፡ ወስሕተት ፡ ውእቱ ፤ ኢትትወከፉ ፡ ነገሮሙ ፡ ለእሉ ፡ አብዳን ፡ ለአባ ፡ በጸሎተ ፡ ሚካኤል ፡ ወለአባ ፡ ጊዮርጊስ [11] ፡ ዘደብረ ፡ ባሕርይ ፡ ወለአባ ፡ ሕዝቅያስ ፡ ወገ [* A f. 53 r] ብረ ፡ እንድርያስ ፡ ዘደብረ ፡ ቀዘት ፡ ወአጪ ፡ አ*ሮን ፡ ዘደብረ ፡ ዳሬት ፡

[1] B om. — [2] B ንንበር ፡ — [3] B ወአቡነ ፡ — [4] B ዳኅነ ፡ — [5] B መጻእኩ ፡ በጸሎትከ ፡ — [6] B ወአቡነ ፡ — [7] B በንበረ ፡ (sic) እስጢፋኖስ ፡ — [8] B አቡኒ ፡ (sic) — [9] B እምኀበ ፡ — [10] B እምኀበ ፡ — [11] (B)] A ዘጊዮርገስ ፡

እምቅድመ ፡ ይትወለድ ፡ አቡነ ፡ ተክለ ፡ ሃይማኖት ፡ እምአቡነ ፡ ኢየሱስ ፡ሞዓ ፡ ተወልዱ ፡ እሙንቱ ፡ አበው [1] ፡ ንቡራነ ፡ እድ ፡ እምአቡነ ፡ ኢየሱስ ፡ሞዓ ፡ በእንተ ፡ ምንትኬ ፡ ወለዶሙ ፡ እንበለ ፡ ይመንኩስ ፨

ወዝንቱኒ ፡ አቡነ ፡ ተክለ ፡ ሃይማኖት ፡ ዘእንበለ ፡ * ይምጻእ ፡ ኀበ ፡ አባ [1] ፡ (* B f. 15 v) ኢየሱስ ፡ ሞዓ ፡ ሶበ ፡ መጽአ ፡ እምብ[ሔ]ረ ፡ ሸዋ ፡ ኀበ ፡ አባ [1] ፡ በጸሎተ ፡ ሚካኤል ፡ ረከበ ፡ በፍኖት [1] ፡ ፮መነኮሰ ፡ ወይቤሎ ፡ እምአይቴ ፡ አንተ ፡ ወይቤ ፡ ዝኩ ፡ መነኮስ ፡ አንሰ ፡ ረድኡ ፡ ለአባ ፡ በጸሎተ ፡ ሚካኤል ፡ ወይቤሎ ፡ አብጽሐኒ ፡ ኀበ ፡ መምሕርከ ፡ ወአብጽሖ ፨ ወነበረ ፡ ህየ [1] ፡ ፲ተ ፡ አመተ ፡ እንዘ ፡ ይገብር ፡ ተአምረ ፡ ወመንክረ ፨ ወእምዝ ፡ መጽአ ፡ መልአከ ፡ እግዚአብሔር ፡ ቅዱስ [1] ፡ ሚካኤል ፡ ወይቤሎ ፡ ለአቡ*ነ ፡ ተክለ ፡ ሃይ (* A f. 53 v) ማኖት ፡ ሑር ፡ ኀበ ፡ አባ ፡ ኢየሱስ ፡ ሞዓ ፡ ብእሴ ፡ እግዚአብሔር ፡ ጻድቅ ፡ ወኄር ። ወእምዝ ፡ እንዘ ፡ ይመርሖ ፡ መልአከ ፡ እግዚአብሔር ፡⌜በጽሐ ፡ ኀበ ፡ ጽንፈ ፡ ባሕር ፡ ሶበ ፡ ኢረከበ ፡ ሐመረ ፡ አስተራአዮ [2] ፡ እንዘ ፡ የሐውር ፡ ዲበ ፡ ባሕር ። ወሖረ ፡ ውእቱኒ [3] ፡ ምስሌሁ ፡ ዲበ ፡ ባሕር ፡ ከመ ፡ እንተ ፡ የብስ ፡ ወቦአ ፡ ውስጠ ፡ ወቆመ ፡ ኀበ ፡ አንቀጸ ፡ ቤተ ፡ ክርስቲያን ። ወኃለፈ ፡ ዝኩ ፡ መልአክ [4] ፡ ሀበ ፡ ሀሎ ፡ ኢየሱስ ፡ ሞዓ ፡ ወይቤሎ ፡ ሀሎ ፡ ይቀውም ፡ በአንቀጸ ፡ ቤተ ፡ ክርስቲያን ፡ ፩ብእሲ ፡ ፈራሄ ፡ እግዚአብሔር ፡ ዘስሙ ፡ ተክለ ፡ ሃይማኖት ፡ ተወከፎ ፡ ኀቤከ ፡ ወአልብሶ ፡ ልብሰ ፡ ምንኩስና ፡ እስመ ፡ ፈቃደ ፡ እግዚአብሔር ፡ ውእቱ ። ወዘንተ ፡ ብሂሎ ፡ ተሰወረ ፡ እምኔሁ ፡ ወሶቤሃ ፡ ጸውአ ፡ አቡነ ፡⌜ኢየሱስ ፡ ሞዓ [1] ፡ ፩እምአርዳኢሁ ። ወይቤሎ ፡ እስመ ፡ ቦ ፡ እንግዳ ፡ በአንቀጸ ፡ ቤተ ፡ * ክርስቲያን ፡ ሑር ፡ ተ (* A f. 54 r) ወከፎ ። ወአምጽኦ ፡ ኀቤየ ፡ ወሖረ ፡ ዝኩ ፡ ረድእ ፡ ተወከፎ ፡ ወአምጽኦ ፡ ኀቤሁ ፡ ወሶበ ፡ ርእዮ ፡ አቡነ ፡ ኢየሱስ ፡ ሞዓ ፡ ለአቡነ ፡ ተክለ ፡ ሃይማኖት ፡ እንዘ ፡ ይመጽእ ፡ ኀቤሁ ፡ ተንሥአ ፡ እመንበሩ ። እስመ ፡ አጠየቀ ፡ መልአክ ፡ ጸጋሁ ፡ እምቅድመ ፡ ብጽሐቱ ፡ ኀቤሁ [1] ፡ ወአንበሮ ፡ ምስሌሁ ፡ ወአልበሶ ፡ ልብሰ ፡ ምንኩስና ። ወዘንተ ፡ ኵሎ ፡ ዘገብረ ፡ ኢየሱስ ፡ ሞዓ ፡ ወዘወለዶ ፡ ተክለ ፡ ሃይማኖት ፡ እምቅድመ ፡ ይመንኩስኑ ፡ ወሚመሁ ፡ ዘእን

[1] B om. — [2] (B)] A om. — [3] B ውእቱ ፡ — [4] B መልአከ ፡ እግዚእ ፡

በለ ፡ ይትወለድ ፡ ለሊሁ ፡ ወለደኑ ፡ ካልአነ ፡ አላ ፡ ክዊኖ ፡ ፍጹመ ፡ ምንኩስናሁ ፤ ወአልቦ ፡ ዘተርፈ ፡ ቦቱ ፡ ዘእንበለ ፡ አስኬማ ፡ ⌈ባሕቲቱ ፡ ወአስኬማሰ [1] ፡ ነሥአ ፡ እምእደ ፡ ወልዱ ፡ ተክለ ፡ ሃይማኖት ፡ ዘተፈነወ ፡ እምኀቤሁ ፡ ወአምጽኦ ፡ ሎቱ ፡ እምነ ፡ አባ ፡ ዮሐኒ ፡ መምሕሩ ፡

* A f. 54 v ወበዘከመዝ ፡ * ግብር ፡ ነበረ ፡ አቡነ ፡ ኢየሱስ ፡ ሞዓ ። ወሀለዎ ፡ ለአቡነ ፡ ኢየሱስ ፡ ሞዓ ፡ ፩መንበር ፡ ዘዕፀ ፤ ወበአሐቲ ፡ እመዋዕል ፡ ተሰብረ ፡ ፮እግሩ ፤ ወሶበ ፡ ርእዮ ፡ አቡነ ፡ ⌈ቅዱስ ፡ ወብፁዕ [2] ፡ ብእሴ ፡ እግዚአብሔር ፡ አባ ፡ ኢየሱስ ፡ ሞዓ ፡ ከመ ፡ ተሰብረ ፡ ውእቱ ፡ መንበር ፡ ኃዘነ ፡ ጥቀ ፤ ወሶቤሃ ፡ ሖረ ፡ ውስተ ፡ ጸሎት ፡ በከመ [3] ፡ ልማዱ ። ወፈጺሞ ፡ ጸሎቶ ፡ * B f. 16 r ገብአ ፡ ውስተ ፡ ማኅደ*ሩ ። ወርእዮ ፡ ለውእቱ ፡ መንበር ፡ ዘተሰብረ ፡ እግሩ ፡ ፮ ፡ ዘከመ ፡ ገብአ ፡ ውስተ ፡ ዘቀደሚ ፡ ሥርዓቱ ። ውእተ ፡ ጊዜ ፡ ሰብሐ ፡ ለእግዚአብሔር ። ወእስከ ፡ ይእዜ ፡ ሀለወ ፡ ⌈ውእቱ ፡ መንበር [2] ፡ ውስተ ፡ ቤተ ፡ ክርስቲያን ፡ ቅድስት [4] ።

⌈ወአቡነሰ ፡ ወቅዱስ ፡ አቡነ ፡ ኢየሱስ ፡ ሞዓ ፡ ብእሴ ፡ እግዚአብሔር ፡ ወልዑል ፡ ወስቡሕ ፡ አባ ፡ ኢየሱስ ፡ ሞዓ [5] ፡ ገብረ ፡ ብዙኃ ፡ ማኅትወ [6] ፡ * A f. 55 r እምጸ*ማ ፡ እደሁ ፡ ለቤተ ፡ ⌈ክርስቲያነ ፡ እስጢፋኖስ [7] ፡ ወያበርህ ፡ በበዓለ ፡ እግዚአብሔር ፡ ወበዓለ ፡ ኵሎሙ ፡ ጻድቃን ፡ ወሰማዕት ፡ ወኍልቄን ፡ ለእማንቱ ፡ ማኅትው ፡ ፳ወ፬ወመጽሐፍቂ ፡ ዘወሀቦ ፡ ፴ወመስቀለኪ ፡ ዘወርቀ ፡ ወዘብሩር [2] ፡ ፳ወዝኵሉ [8] ፡ ዘወሀቦ ፡ ለእስጢፋኖስ ፡ ቀዳሚ ፡ ሰማዕት ፡ ወሊቀ ፡ ዲያቆናት ፡ ዘውእቱ ፡ ፮እም፯ ፡ ወኢይበውእ ፡ ውስቴታ ፡ ዘእንበለ ፡ ይፁር ፡ ለምኃ ። እስመ ፡ ይቤ ፡ መጽሐፍ ፡ እንበለ ፡ መባዕ ፡ ዘይበውእ ፡ ኢየዓቢ ፡ ጽድቁ ። ወዘንተ ፡ ተዘኪሮ ፡ ነገረ ፡ ይገብር ፡ ከመዝ ፡ ኵሎ ፡ አሚረ ፡ ወይገይስ ፡ ውስተ ፡ ቤተ ፡ ክርስቲያኑ ፡ ለእግዚአብሔር ፤ ወነበረ ፡ ከመዝ ፡ ፵ወ፬ዓመተ ፡ በንጹሕ ፡ እንዘ ፡ ይትለአክ ፡ ለእግዚአብሔር ፡ ⌈ወለ * A f. 55 v ቤተ ፡ ክርስቲያነ ፤ እስጢፋኖስ ፡ ሊቀ ፡ * ዲያቆናት ፡ ወቀዳሚ ፡ ሰማዕት [9] ፡

[1] (B)] A om. — [2] B om. — [3] B ከመ ፡ — [4] B ዘእስጢፋኖስ ፡ — [5] B ወአቡነሰ ፡ ኢየሱስ ፡ ሞዓ ፡ — [6] B ማኅቶተ ፡ — [7] B ክርስቲያኑ ፡ ለእስጢፋኖስ ፡ — [8] B ወኵሉ ፡ — [9] B ወለቤተ ፡ ክርስቲያን ፡

እስመ ፡ ኮነ ፡ ለቤተ ፡ ክርስቲያን ፡ ከመ ፡ ብንተ ፡ ዓይን ፡ ወከመ ፡ ማኅቶት ፡ ብሩህ ፡ ወከመ ፡ ኮከብ ፡ ዘይሠርቅ ፡ በጽባሕ ። ወዔና ፡ መዐዛ ፡ ⌈ሥጋሁሰ ፡ ይጼኑ[1] ፡ ከመ ፡ መዐዛ ፡ ስኂን ፨

ወእንዘ ፡ ሀሎ ፡ ፳ዓመት ፡ ሀለየ ፡ ከመ ፡ ይፍልስ ፡ እምዝንቱ ፡ ዓለም ፡ ኃላፊ ። ቦአ ፡ ውሳጤ ፡ ቤቱ ፡ ከመ ፡ ኢይትናገር ፡ ምስለ ፡ ሰብእ ፡ ወነበረ ፡ በጽሙና ፡ ባሕቲቶ[2] ፡ ወበሕድአት ፡ ወበፈሪሃ ፡ እግዚአብሔር ። ወበኵሉ ፡ ገቢረ ፡ ሥምረቱ[3] ፡ እንዘ ፡ መንፈስ ፡ ቅዱስ ፡ ይረድኦ ፡ በኵሉ ፡ ፍናዊሁ ፡ ወአጸመወ ፡ ሥጋሁ ፡ በብዙኅ ፡ ሥራኅ ፡ ወኢወሀበ ፡ ለሥጋሁ ፡ መብልዓ ፡ ወመስቴ[4] ፡ ዘይፈቀድዎ ፡ አለ ፡ ዘበምድር ፡ ሀለዉ ፡ ወይሴፈው ፡ ተድላሃ ፡ ለምድር ፨ ወሰከ ፡ ፃማ ፡ በዲበ ፡ ፃማ ፡ ወአፈድፈደ ፡ *ገቢረ ፡ ሠናይ ። [* A f. 56 r] ወይሬሲ ፡ ርእሶ ፡ ኃጥአ ፡ እንዘ ፡ ጻድቅ ፡ ውእቱ ፡ ወይብል ፡ አንሰ ፡ ዕዌ ፡ ወአኮ[5] ፡ ሰብእ ፡ ምኑን ፡ በኀበ[6] ፡ ሰብእ ፡ ወትሑት ፡ በውስተ ፡ ሕዝብ ፡ ወካዕበ ፡ ይብል ፡ ኵሎ ፡ ጊዜ ፡ አምላኪየ ፡ አድኅነኒ ፡ እምእደ ፡ ኃጥኣን ፡ ወእምእደ ፡ ዓማፂ ፡ ወገፋኢ ። እስመ ፡ አንተ ፡ ተስፋየ ፡ እግዚኦ ፡ እግዚእየ ፡ ተሰፈውኩከ ፡ እምንእስየ ፡ ወብከ ፡ ጸናዕኩ ፡ ⌈በውስተ ፡ ከርሠ ፡ እምየ[7] ፡ ወበውስተ ፡ ማኅፀን ፡ አንተ ፡ ከደንከኒ ። ወአንተ ፡ ዝክርየ ፡ በኵሉ ፡ ጊዜ ። ወዓዲ ፡ ይቤ ፡ ተሣሃለኒ ፡ እግዚኦ ፡ በከመ ፡ ዕበየ ፡ ሣህልከ ፡ ወበከመ ፡ ብዝኃ ፡ ምሕረትከ ፡ ደምስስ ፡ ኃጢአትየ ፨ ሕፅበኒ ፡ ወአንጽሐኒ ፡ እምኃጢአት*የ[8] ። [* B f. 16 v] ወእምአበሳየኒ ፡ አንጽሐኒ ፡ እስመ ፡ ለልየ ፡ አአምር ፡ ጌጋይየ ። ወካዕበ ፡ ይ*ቤ ፡ [* A f. 56 v] ከናፍርየ ፡ ፍሡሐት ፡ ይሴብሓ ፡ ለስምከ ። ወበምስካብየኒ ፡ እዜከረከ ፡ በጽባሕ ፡ አነብብ ፡ ለከ ፡ እስመ ፡ ኮንከኒ ፡ ረዳእየ ፡ ወእትዌከል ፡ በጽላሎተ ፡ ክነፊከ ። ተለወት ፡ ነፍስየ ፡ ድኅሬከ ፡ ወዓዲ ፡ ይቤ ፡ እፃሙ ፡ በምድር ፡ ኃላፊ ። ከመ ፡ እርከብ ፡ ተድላሃ ፡ ለዘኢተኃልፍ ። እስመ ፡ ዘፃመወ ፡ በዓለም ፡ የሐዩ ፡ ለዝሉፉ ፡ ወይቤ ፡ ኵሉ ፡ ከንቱ ፡ ከንቱ ፡ ንብረቱ ፡ ለዝንቱ ፡ ዓለም ፡ ኃላፊ[8] ፡ ወበከመ[9] ፡ ይቤ ፡ ጳውሎስ ፡

[1] B ሥጋሁ ፡ ዘይጼኑ ፡ — [2] B ባሕቲቱ ፡ — [3] B ሠናይ ፡ — [4] B ወስቴ ፡ — [5] B አኮ ፡ — [6] B ኀበ ፡ — [7] B እምከሠ ፡ እየ ፡ (sic) — [8] B add. ወተናገረ ፡ እስከ ፡ ተፍጻቱ ፡ (sic) et om. usque ad [8] — [9] B ወከመ ፡

⌜ልሳነ ፡ ዕፍረት [1] ፡ ውእቱኒ [1] ፡ ምውት ፡ ዓለም ፡ በንቤየ ። ወአነሂ ፡ ምውት ፡
በኀበ ፡ ዓለም ፡ ⌜ወከንቱ ፡ ውእቱ [1] ፡ ወይቤላ ፡ ለነፍሱ ፡ ⌜ኵሎ ፡ ጊዜ [1] ፡ ኢ
ትኩንኒ ፡ ⌜ከመ ፡ ኢትትኩነኒ [2] ፡ ወበመስፈርት ፡ ዘሰፈርኪ [3] ፡ ይሰፍሩ ፡ ለኪ ።
* A f. 57 r ወዘንተ ፡ ኵሎ ፡ ምዕዳነ ፡ ይምዕዳ ፡ ለነፍሱ ። [4] ወካዕበ ፡ * ይቤ ፡ ከልብ ፡
አነ ፡ ዘይገብዕ ፡ ዲበ ፡ ቂያው ። ወለለኵሉ ፡ ዕለት ፡ ይዌስክ ፡ ምዕዳነ ፡ ወዘ
ለፋ ፡ በላዕለ ፡ ነፍሱ ። ወይቤ ፡ አይቴኑ ፡ አሐውር ፡ እመንፈስከ ፡ ወአይቴኑ ፡
እጐይይ ፡ እምቅድመ ፡ ገጽከ ። እመኒ ፡ ዓረጉ ፡ ውስተ ፡ ሰማይ ፡ ህየኒ ፡ አ
ንተ ። ወእመኒ ፡ ወረድኩ ፡ ውስተ ፡ ቀላይ ፡ ህየኒ ፡ ሀሎከ ፡ እስመ ፡ ዝንቱ ፡
ምዕዳን ፡ አኮ ፡ ሎቱ ፡ ለባሕቲቱ ፡ አላ ፡ ለእለ [5] ፡ ሀለዉ ፡ በዝ ፡ ዓለም ፡
ኃላፊ ፡ ከመ ፡ ይኩኖሙ ፡ ረድኤተ ፡ ወተስፋ ፡ ዝንቱ ፡ ቃለ ፡ ምዕዳን ፡ እ
ስመ ፡ ጻድቃን ፡ ይሬስዩ ፡ ርእሶሙ ፡ ኃጥአ ፡ ወያቴሕቱ ፡ ርእሶሙ ፡ ወኃጥ
አንሰ ፡ ያሌዕሉ ፡ ርእሶሙ ፡ ወያቴሕቱ ፡ ቢጸሙ ። ወበዘከምዝ ፡ ግብር ፡
* A f. 57 v ነበረ ፡ ብዙኃ ፡ መዋዕለ ፡ እንዘ ፡ ይጌሥፃ ፡ ለነፍሱ [4] ። እስመ ፡ ጠ*ቢብ ፡
ውእቱ ፡ በከመ ፡ ይቤ ፡ መጽሐፍ ፡ ዝልፎ ፡ ለጠቢብ ፡ ⌜ከመ ፡ ይወስክ ፡ ጥ
በበ ፡ በዲበ ፡ ጥበቡ ፡ ለአብድሰ ፡ ለእመ ፡ ዘለፍኮ ፡ ይጸልአከ ፡ ወይሬሲ ፡
ነገረከ ፡ ከንቶ [6] ።

⌜ወእምድኅረዝ ፡ ከፈለ [7] ፡ ንዋዮ ፡ ለነዳያን ፡ ወለምስኪናን ፡ ለእቤራት ፡
[8] ወለእጓለ ፡ ማውታ ፡ ለመበለታት ፡ ወለጽኑሳን ። ወያበልዖሙ ፡ ለርኁባን ፡
ወያስተዮሙ ፡ ለጽሙአን ፡ ወያለብሶሙ ፡ ለዕሩቃን ፡ ወይናዝዞሙ ፡ ለሕዙ
ናን ። ወይሔውጾሙ ፡ ለድውያን ፡ ወይዌክፎሙ ፡ ለነጋድያን ። ከመ ፡ አብር
ሃም ፡ ምዕመን ፡ ወይሁብ ፡ ምጽዋተ ፡ ከመ ፡ ኢዮብ ፡ ወያፈቅር ፡ ንዴተ ፡
ከመ ፡ ሐዋርያት ፡ ወጽሙና ፡ ከመ ፡ ኤልያስ ፡ ድንግል ፡ ከመ ፡ ዮሐንስ ፡
* A f. 58 r ወካህን ፡ ከመ ፡ ዘካረያስ ፡ ወጠቢብ ፡ ከመ ፡ ሰሎሞን ፡ ወ*የዋህ ፡ ከመ ፡
ሙሴ ፡ ወትሁት ፡ ከመ ፡ ዳዊት ፡ ወመምሕር ፡ ከመ ፡ ጳውሎስ ፡ ወኄር ።
ከመ ፡ በርናባስ ፡ ወማዕምር ፡ ከመ ፡ ጴጥሮስ ፡ ወላህይ ፡ ከመ ፡ ኤርምያ

[1] B om. — [2] (B)] A om. — [3] (B)] A ዘሰፈረኪ ፡ (corrupte) — [4] usque ad [4] B om. — [5] ms ላዕለ ፡ (corrupte) — [6] B ይዌስክ ፡ ጥበበ ፡ ኢትዝልፎ ፡ ለአብድ ፡ ይጸልአከ ፡ — [7] B ወከፈለ ፡ — [8] usque ad [8] in pagina sequenti B om.

ስ ፡ ወቅዱስ ፡ ከመ ፡ አሮን ፡ ወፍጹም ፡ ምንኩስናሁ ። ከመ ፡ አባ ፡ ዮሐኒ ። ቦ ፡ ኀበ ፡ አርአየ ፡ ዘኢዮብ ፡ ትእግሥተ ፡ ወከመ ፡ ዳንኤል ፡ አበይኖ ፡ ገድል ፡ ወቦ ፡ ላዕሌሁ ፡ ዘኤልያስ ፡ ሐሚለት ፡ ወያስተጋብእ ፡ ጽድቀ ፡ ዘእምኵሎሙ ፡ ቅዱሳን ። ወተሠርገወ ፡ በኵሉ ፡ ምግባረ ፡ ሠናይ ። ወነበረ ፡ ዘእንበለ ፡ መፍቅዳተ ፡ ሥጋ ፡ በብዙኅ ፡ ትእግሥት ፡ በሕማም ፡ ወበምንዳቤ ፡ ወበተጽናስ ፡ በድካም ፡ ወበሐፍ ፡ በቊር ፡ ወበእርቃን ፡ ወበትጋህ ፡ በረሀብ ፡ ወበጽምዕ ። እስመ ፡ ኀደገ ፡ ኵሎ ፡ ግዕዛ ፡ ለዓለም ። ከመ ፡ ክርስቶስሃ ፡ ይርባሕ ፡ እ*ስመ ፡ ከመዝ ፡ ውእቱ ፡ እለ ፡ ያፈቅርዎ ፡ ለክርስቶስ ፡ * A f. 58 v ወኢምንትኒ ፡ ምንዳቤያት ፡ ኢይክል ፡ አሕድጎቶሙ ፡ ፍቀረ ፡ ዚአሁ ፡ እስመ ፡ ይቤ ፡ መጽሐፍ ፡ በቃለ ፡ ጠቢብ ፡ ጳውሎስ ፡ ልሳነ ፡ ዕፍረት ፡ መኑ ፡ የሐድገነ ፡ ፍቅሮ ፡ ለክርስቶስ ፡ ዕርቃንኑ ፡ ተሰዶኑ ፡ ጻእርኑ ፡ መጥባሕትኑ ፡ ከማሁኬ ፡ ውእቱ ፡ ኵሉ ፡ አልቦ ፡ ዘያሐድጎሙ ፡ ፍቀረ ፡ አምላኮሙ ፡ ለቅዱሳን ፡ ጻድቃን ፡ ወለሰማዕት [1] ፡ መዋዕያን ፡ ወለመነኮሳት ፡ ፍጹማን ። ወአቡነሰ ፡ ዝንቱ ፡ ብእሴ ፡ እግዚአብሔር ፡ አቡነ ፡ ኢየሱስ ፡ ሞዓ ፡ ጻድቅ ፡ ወየዋህ ፡ ወትሩ ፡ ድልው ፡ ለመዊት ። ወነበረ ፡ እንዘ ፡ ይበኪ ፡ ወየሐድር ፡ ውስተ ፡ ቤተ ፡ መቅደስ ፡ እንዘ ፡ ዕፅው ፡ ኆኅት ፡ ወይቀውም ፡ ቅድመ ፡ ታቦት ፡ ወይበይት ፡ * እንዘ ፡ ይጼሊ ፡ ወይስእል ፡ ወይገዕር ፡ ወይበኪ ፡ እ * A f. 59 r ስከ ፡ ጽባሕ ፡ በከመ ፡ ይቤ ፡ ዳዊት ፡ በመዝሙር ፡ አብደርኩ ፡ እትገ[ደ]ፍ ፡ ውስተ ፡ ቤተ ፡ እግዚአብሔር ። እምእንበር ፡ ውስተ ፡ ቤተ ፡ ኃጥአን ፡ ወካዕበ ፡ ይቤ ፡ ጸዋዕኩ ፡ ስመ ፡ እግዚአብሔር ። እግዚኦ ፡ ባልሓ ፡ ለነፍስየ ፡ ወዓዲ ፡ ይቤ ፡ ሠራኅኩ ፡ በምንዳቤየ ፡ ወአሐፅብ ፡ ሌሊተ ፡ ኵሎ ፡ አራትየ ። ወበአንብዕየ ፡ አርኃስኩ ፡ ምስካብየ ፡ ወተሐውከት ፡ እመዓት ፡ ዓይንየ ፡ ወበለይኩ ፡ በኀበ ፡ ኵሎሙ ፡ ጸላእትየ ፡ ወይቤ ፡ ዘንተ ፡ ኵሎ ፡ ወዘይመስሎ [8] ፡ ወበዘከመዝ ፡ ግብር ፡ ነበረ ፡ ፳ዓመተ ፡ ወአሥመሮ ፡ ለእግዚአብሔር ፡ በሠናይ ፡ ገድል ፡ ወ፺ዓመት [2] ፡ እምአመ ፡ ተሐርመ ፡ ወኢቦአ ፡ ሚስ ፡ ወስዋ ፡ ውስተ ፡ አፉሁ ፡ ከመ ፡ ዮሐንስ ፡ ⌜መጥምቀ ፡ * መለኮት [3] ፡ * A f. 59 v

[1] ms ወለለሰማዕት ፡ — [2] B ወ፺ዓመተ ፡ — [3] B መጥምቀ ፡

ወኵሉሰ[1] ፡ ዓመታቲሁ ፡ ዘሐይወ[2] ፡ ፻ወ፩ዓመት ፡ ወእንዘ ፡ ይነብር ፡ ፻ወ
፩ዓመት ፡ ኢያክፍኣ ፡ አዕይንቲሁ ፡ ወኢደክመ ፡ ሥጋሁ ፡ ወኢኃደጋ ፡ ዘትካ
ት ፡ ፃማሁ ፡ ⌜ወኢደግደገ ፡ አባሉ[2] ፡ ወልብሱሂ ፡ አነዳ ፡ ዘማዕስ ፡ ዘብዙኅ ፡
ጥቀመታቲሁ ፡ ወእንዘ ፡ ይነብር ፡ ፺ዓመተ ፡ በምንኩስናሁ ፡ ኢኖመ ፡ በገቦ
ሁ ፡ ወኢገብረ ፡ ምንተኒ ፡ መንጸፈ ፡ ለገቦሁ ፡ እስመ ፡ መነና ፡ ለዓለም ።
⌜ወለኵሉ ፡ ፍትወታቲሁ[2] ፤ እስመ ፡ ይቤ ፡ እግዚእነ[3] ፡ በወንጌል ፡ እንዘ ፡
ይሜህሮሙ[4] ፡ ለአርዳኢሁ ፡ ዘያፈቅራ ፡ ለነፍሱ ፡ ለይግድፋ ፡ ወዘሰ ፡ ገደ
ፋ ፡ ለነፍሱ ፡ በእንቲአየ ፡ ይረክባ ፡ ወካዕበ ፡ ይቤ ፡ ካልዕኒ ፡ መጽሐፍ ፡
ዓለሙኒ ፡ ኃላፊ ፡ ንብረቱኒ ፡ ኃላፊ ፡ እስመ ፡ ኵሉ ፡ ኃላፊ ፡ ውእቱ ፤ ወዘሰ ፡
* A f. 60 r ይገብር ፡ ፍ*ትወቶ ፡ ለእግዚአብሔር ፡ ይነብር ፡ ለዓለም ፡ ወለዝሉፉ[2] ።

ወእምድኅረዝ[5] ፡ ፈቀደ ፡ እግዚአብሔር ፡ ከመ ፡ ያዕርፎ ፡ እምፃማ ፡ ዝ
ንቱ ፡ ዓለም ፡ ኃላፊ ፡ ወእምኵሉ ፡ ግብራ[6] ፡ እስመ ፡ ይቤ ፡ ዘፃመወ ፡ በ
ዓለም ፡ የሐዩ ፡ ለዝሉፉ ፡ አሜን[2] ። ወእምዝ ፡ ሐመ ፡ አቡነ ፡ ኢየሱስ ፡
ሞዓ ፡ ወይቤልዎ ፡ ደቂቁ ፡ መነኮሳት ፡ ዘይበዝኍ ፡ ⌜ከመ ፡ ኆፃ ፡ ዘድ[ን]ጋገ ፡
ባሕር[7] ። ወከመ ፡ ከዋክ[ብ]ት ፡ ዘሰማይ[8] ፡ ወከመ ፡ ነጠብጣበ ፡ ማይ ፡ ዘ
ክረምት ፡ ምንተ ፡ ኮንከ ፡ ኦአቡነ ፡ ወሊቅነ ፡ ወመምሕርነ ፡ ወብርሃነ ፡ አዕ
ይንቲነ ፤ ወእግዚእነ ፡ ዘንረክብ ፡ ኵሎ ፡ ⌜ፈቃደ ፡ ልብነ[9] ፡ እምኀቤከ ፡ ሲሳ
የነሂ ፡ ወአራዘነሂ[10] ፡ ወኵሎ ፡ ዘሀለይነ ፡ በልብነ ፡ ወበሕሊናነ ፡ ወይቤሎ
* A f. 60 v ሙ ፡ ይደክም ፡ ሥጋየ ፡ ወሕማምሰ ፡ አልብየ ፡ ኢ*ትደንግፁ ፡ ወይቤልዎ ፡
* B f. 17 r አስምክ ፡ ንስቲታ ፡ በገቦከ ፡ ወይቤሎሙ ፡ * አቡነ ፡ ኢየሱስ ፡ ሞዓ ፡ ብእሴ ፡
እግዚአብሔር ፡ ጻድቅ ፡ ወየዋህ ፡ ወርቱዕ ፡ በኵሉ ፡ ፍኖቱ ፡ ወፍጹም ፡
በዛይማኖቱ ፡ ወበምንኩስናሁ ፡ ዘአልቦ ፡ ሐሰት ፡ አባ ፡ ኢየሱስ ፡ ሞዓ ፡ ወ
ይቤሎሙ ፡ ለደቂቁ ፡ ወለውሉዱ ፡ ከመ ፡ ሕዝበዊኑ ፡ እሰክብ ፡ በገቦየ ፡ ዘ
ኢሰከብኩ ፡ መጠነ ፡ ፺ዓመት ፡ በእንተ ፡ ምንትኑ ፡ ዮም ፡ እስክብ ። ወሀለ
ዉ ፡ ፬ቱ ፡ ካህናት ፡ ውሉደ ፡ እኁሁ ፡ ወ፪ኤሆሙ ፡ እምእሉ[11] ፡ መነኮሳ

[1] B ወኵሉ ፡ — [2] B om. — [3] B እግዚአብሔር ፡ — [4] B ይነግሮሙ ፡ — [5] B ወእምዝ ፡ — [6] B ግብሩ ፡ — [7] B እምኆፃ ፡ ባሕር ፡ — [8] B ዘማይ ፡ (corrupte) — [9] B ፈቃደነ ፡ — [10] B ወአራዘነ ፡ — [11] B እሉ ፡

ተ ፡ ውሉደ ፡ እግዚአብሔር ፡ እሙንቱ [1] ። ወይቤልዎ ፡ ኦአቡነ ፡ ብእሴ ፡ እግዚአብሔር ፡ ሀበነ ፡ በረከተከ ፡ እስመ ፡ በረከተ ፡ አብ ፡ ይጸንእ ፡ ላዕለ ፡ ውሉድ ። ወመድኀረ [2] ፡ እም ፡ የሐንጽ ፡ መሠረተ ፤ ወእምድኅረዝ [3] ፡ ይቤሎሙ ፡ *ለደቂቁ ፡ እግዚአብሔር ፡ ይባርክ ፡ ላዕሌክሙ ፡ እምንዑስክሙ ፡ * A f. 61 r እስከ ፡ ዐቢይክሙ ፡ ተፋቀሩ ፡ በበይናቲክሙ ፡ ወለእመ ፡ ተፋቀርክሙ ፡ በበይናቲክሙ [1] ፡ ኢይክሉክሙ ፡ ጸላእትክሙ ። ወአልቦ ፡ ዘይሄይለክሙ ፡ ሰዐምሩ ፡ ወለብው ፡ እስመ ፡ ፍቀር ፡ የዓቅቦ ፡ ለብእሲ ፡ እምግብረ [4] ፡ እኩይ ። እግዚአብሔር ፡ ⌜ይባርክ ፡ ላዕሌክሙ [5] ፡ በከመ ፡ ባረኮሙ ፡ ለቀዱሳን ፡ እለ [1] ፡ እምቅድሜክሙ ፡ ወያሤኒ ፡ እግዚአብሔር ፡ በሣህሉ ፡ ሕሠመ ፡ ምግባሪክሙ ። ወይዕቀብ ፡ በመዝራዕቱ ፡ ወራዙቲክሙ [1] ፤ ወዘንተ ፡ ሰሚያሙ ፡ እምአፈ ፡ ⌜ብፁዕ ፡ ወቅዱስ ፡ ብእሴ ፡ እግዚአብሔር ፡ አባ [6] ፡ ኢየሱስ ፡ሞዓ ፡ ዘንጹሕ ፡ እምነውር ፡ ⌜ወእምኵሉ ፡ አበሳ ፡ ወመርገም [1] ፡ ሰገዱ [7] ፡ ኵሎሙ ፡ ታሕተ ፡ እገሪሁ ፤ *ወበከይዎ ፡ ⌜ብካየ ፡ መሪረ [8] ፡ ወላህውዎ ፡ ዐቢ * A f. 61 v የ ፡ ላሐ ፡ ወይቤልዎ ፡ አይቴ ፡ ተሐውር ፡ ኦአቡነ [9] ። ወለመኑ ፡ ተሐድገነ ፡ ወንከውን ፡ እጓለ ፡ ማውታ ፡ እስመ ፡ እመ [1] ፡ አልቦሙ ፡ ኖላዊ ፡ ለአባግዕ ፡ ዘየዓቅቦሙ ፡ ይመስጦሙ ፡ ተኵላ ። ወለእመ ፡ አልቦሙ ፡ ዓቃቢ ፡ ለእንስሳ ፡ የሐጒሎሙ ፡ አንበሳ ፡ በውስተ ፡ ገዳም ። ወለእመ ፡ አልቦቱ ፡ ለበዓለ ፡ ቤት ። ማዕፆ ፡ ወኖኅት ፤ ይመጽእ ፡ ሠራቂ ፡ ወይነሥእ ፡ ንዋዮ ፡ እምኔሁ ፡ ለውእቱ ፡ ብእሲ ፡ ዘተሣየጦ ፡ እምንእሱ ፡ እስከ ፡ አሚሃ ፡ ዕለት ። ወካልዓኒ ፡ ነገር ፡ ዘነገርከነ ፡ ነአምር፡ በወንጌለ ፡ ዮሐንስ ፡ እንዘ ፡ ትብል ። በእንተ ፡ አባግዕ ፡ ወኖላዊ ፡ ወቦ ፡ ባዕደኒ ፡ ነገረ ፡ ዜነውዎ ፡ ደቂቁ ፡ ለአቡሆሙ ፡ መንፈሳዊ ፡ ኄር [1] ። ወውእቱኒ [10] ፡ ይቤሎሙ ፡ *ኢትፍርሁ ፡ ወኢት * A f. 62 r ደንግፁ ፡ ዘኢኀደገኒ ፡ እግዚአብሔር ፡ እንዘ ፡ ሀሎኩ ፡ በሥጋየ ። እሮኑ ፡ ሶበ ፡ ቆምኩ ፡ ቅድሜሁ ፡ ይገድፈኒ ። ወኢይሁበክሙ ፡ ኪያክሙ ፡ አባግዕየ ፡ የዋሃን ፡ ለአራዊት ፡ እኩያን ፡ አንሰ ፡ አአምር [11] ፡ ከመ ፡ ያሤኒ ፡ እግዚአብ*ሔር ፡ በአዕፀምትየ ። * B f. 17 v

[1] B om. — [2] B ወምድኃረ ፡ A ወእምድኅረ ፡ (corrupte) — [3] B ወእምዝ ፡ — [4] B እምግባረ ፡ — [5] B ይባርክሙ ፡ — [6] B አቡነ ፡ — [7] B ወሰገዱ ፡ — [8] B ዐቢየ ፡ ብካየ ፡ መሪረ ፡ — [9] B አቡነ ፡ — [10] B ወውእቱ ፡ — [11] B አአምሮ ፡

ወለመነኮሳትሂ [1] ፡ ዘደብረ ፡ እስጢፋኖስ ፡ ቀዳሚ ፡ ሰማዕት ፤ ባረኮሙ ፡ እንዘ ፡ ይብል ፡ እግዚአብሔር ፡ ይባርክ ፡ ላዕሌክሙ ፡ በከመ ፡ ባረኮሙ ፡ ያዕቆብ ፡ ለደቂቁ ፡ እምንዑስክሙ ፡ እስከ ፡ ዐቢይክሙ ። ወይዌስክ [2] ፡ ሠናይቶ ፡ በኵሉ ፡ ፃማ ፡ ዘገበርክሙ ፡ ቡሩካነ ፡ ኩኑ ፡ በአፍአ ፡ ወበቤት ፡ ቡሩካነ ፡ ኩኑ ፡ በገዳም ፡ ወበሐቅል [3] ፡ ቡሩክ ፡ ይኩን ፡ ተግባረክሙ ፡ ወኵሎ ፡ ዘአ

* A f. 62 v ኀዘ [4] ፡ እደክሙ ። ቡሩካነ ፡ * ኩኑ ፡ በጸአትክሙ ፡ ወበእትወትክሙ ፡ ቡሩካነ ፡ ኩኑ ፡ በንዋምክሙ ፡ ወበተንሥኦትክሙ [5] ፡ ይምሐርክሙ ፡ ወይሣሃለክሙ ፡ እግዚአብሔር ። ወኢይባዕ ፡ ውስተ ፡ ማኅበርክሙ ፡ ረኃብ ፡ ወጽምዕ ፡ ዘንተ ፡ ቡራኬ ፡ ዘባረኮሙ ፤ እምቅድመ ፡ ዛቲ ፡ ዕለት ፡ ውእቱ ፡ ዘንቤሰ ፡ እምቅድመ ፡ ይእቲ ፡ ዕለት ። ሶበ ፡ ርእየ ፡ ብእሲ ፡ ሕፃን ፡ እንዘ ፡ የዓወዩ ፡ በሐቁ ፡ በእንተ ፡ ጽንዓ ፡ ረኃብ ፡ ⌜እስመ ፡ ዘመነ ፡ ረኃብ [6] ፡ ውእቱ ፡ አሚሃ ፡ ወውእተ ፡ ጊዜ ፡ ተንሥአ ፡ ወጸለየ ፡ ⌜አቡነ ፡ ወመምሕርነ [7] ፡ ብፁዕ ፡ ወቀዱስ ፡ ብእሴ ፡ እግዚአብሔር ፡ አባ ፡ ኢየሱስ ፡ ሞዓ ፡ ኀበ ፡ እግዚአብሔር ፡ አምላኩ ። እንዘ ፡ ይብል ፡ ዘአጽገብኮሙ ፡ በገዳም ፡ ለእስራኤል ፡ ፵አመተ ፡

* A f. 63 r ወሢሠይኮሙ ፡ መና ፡ ጥዑመ ፡ * ዘርእየቱ ፡ ከመ ፡ ተቀዳ ፡ ወለኤልያስኒ [8] ፡ ነቢይ ፡ ዘወሀብኮ [7] ፡ ሥጋ ፡ ስቡሐ ፡ በአፈ ፡ ቋዕ ፡ ዘአልቦቱ ፡ መምሰል ፤ ወለሕዝብኒ ፡ ፭፻ብእሲ ፡ ዘአጽገብኮሙ ፡ በገዳም ፡ በ፪ዓሣ ፡ ወበ፭ሕብስት [9] ። በከመ ፡ ነገረ ፡ ወንጌል ፡ ወለሐዋርያቲከኒ [10] ፡ ጊዜ ፡ ርኅቡ ፡ ከማሁ ። ⌜ወካልዓተኒ ፡ ጸሎታተ ፡ ጸልዮ ፡ ውእቱ [11] ፡ አቡነ ፡ ኢየሱስ ፡ ሞዓ ፡ ወውእተ ፡ ጊዜ ፡ አርመመ ። ወእምዝ ፡ ሰምዐ ፡ ቃለ ፡ እምሰማይ ፡ ዘይብል ፡ ኦፍቁርየ ፡ ወላዕክየ ፡ አባ ፡ ኢየሱስ ፡ ሞዓ ፡ ኢይኩን ፡ ውስተ ፡ ምኔትከ ፡ ወሀገርከ ፡ ወበዓትከ ፡ ረኃብ ፡ ወጽምዕ ፡ ምንዳቤ ፡ ወሀከክ ፡ ወኢይትኃጣዕ ፡ በ[ረ]ከተ ፡ እክል ፡ ውስቴታ ፡ ወኵሉ ፡ ዘጸለየ ፡ በስምከ ፡ እንዘ ፡ ይብል ፡ ኦአም

* A f. 63 v ላከ ፡ ኢየሱስ ፡ ሞዓ ፡ አድኅነኒ ፡ * እምንዳቤ ፡ ወሀጕል ፡ ወሀበኒ ፡ ሲሳይየ [12] ፡

[1] B ለመነኮሳት ፡ — [2] B ወይዌስክሙ ፡ — [3] B ወሐቅል ፡ — [4] B ዘአኀዘ ፡ — [5] B ወተንሥኦትክሙ ፡ — [6] (B)] A om. (corrupte) — [7] B om. — [8] (B)] A ወለእስራኤልኒ ፡ (corrupte) — [9] B ወ፭ኅብስት ፡ — [10] B ወለሐዋርያቲከ ፡ — [11] B ካልዓተኒ ፡ ጸሎተ ፡ ጸለየ ፡ — [12] (B)] A ሲሳየ ፡

ወአራዝየ ፡ ወአጸገቦ ፡ ወእሁቦ ፡ ሲሳዮ ፡ ወአራዞ ፡ ⌜ወኢይትኃጣዕ ፡ በረከተ ፡ እክል ፡ እምኔሁ [1] ፡ ወዝንቱኒ ፡ ቃለ ፡ በረከት ፡ ሀለወ ፡ እስከ ፡ ይእዜ ፡ ለአርእዮ ፡ ትእምርታቲሁ [2] ፡ ውስተ ፡ ይእቲ [1] ፡ ምኔት ፡ ዚአሁ ። ወካዕበ ፡ ይቤሎ ፡ እግዚኡ ፡ ለአቡነ ፡ ኢየሱስ ፡ ሞዓ ፡ ዘጸውአ ፡ ስመከ ፡ ወዘገብረ ፡ ተዝካረከ ፡ ወዘተአመነ ፡ በጸሎትከ ፡ ወዘሂ ፡ ተቀብረ ፡ ውስተ ፡ ዛቲ ፡ ምኔትከ ፡ ይነሥእ ፡ እሴቶ ። እምኀበ ፡ አቡ*የ ፡ ዘበሰማያት ፡ ወይኩን ፡ ማኅደሩ ፡ (* B f. 18 r) ምስሌከ ፡ ውስተ ፡ ገነተ ፡ ትፍሥሕት ። ወለዘሂ ፡ ጸሐፈ ፡ ወአጽሐፈ ፡ መጽሐፈ ፡ ገድልከ ፡ አነ ፡ እጽሕፍ ፡ ስሞ ፡ ውስተ ፡ መጽሐፈ ፡ ሕይወት ፡ ወለዘሂ ፡ አንበቦ ፡ ወለዘተርጐሞ ፡ ወለ*ዘሰምዓ ፡ ቃላቲሁ ፡ ኅቡረ ፡ አረፍቀሙ ፡ (* A f. 64 v) በደብረ ፡ ጽዮን ፡ ቅድስት ። አመ ፡ ይረፍቁ ፡ ኅሩያንየ ።

ወዘንተ ፡ ቡራኬ ፡ ወኪዳነ ፡ ዘተወክፈ ፡ እምኀበ ፡ እግዚአብሔር ፡ ሰሚዖሙ ፡ መጽኡ ፡ ንጉሥ ፡ ወመኳንንት ፡ ወሊቃነ ፡ ካህናት ፡ ከመ ፡ ይባርኮሙ ፡ ወዓዲ ፡ ሰምዑ ፡ ከመ ፡ ይፈልስ ፡ እምዝ[ን]ቱ ፡ ዓለም ፡ ኃላፊ ፡ ከመ ፡ ይንሥኡ ፡ በረከቶ ፡ እምቅድመ ፡ ይሙት ፡ ወተባረኩ ፡ እምኔሁ ፡ ወይቤልዎ ፡ ለመኑ ፡ ተኃድገነ ፡ ዘነበርነ ፡ እንዘ ፡ ንጸወን [3] ፡ በጸሎትከ ፡ ቅድስት ፡ እስከ ፡ ይእዜ ፡ አይቴኑ ፡ ነሐውር ፡ ወአይቴ ፡ ንገብእ ፡ ወኀበ ፡ አይቴ ፡ ንበውዕ ። ወዘንተ ፡ ብሂሎሙ ፡ በከዩ ፡ ብካየ ፡ መሪረ ፡ ወአስቈቀው ፡ ብዙኃ ፡ ኵሎሙ ፡ መኳንንት ፡ ንጉሥ [4] ፡ ወሊቃነ ፡ ካህናት ፡ ወሕዝብ ፡ በምልዖ*ሙ ። (* A f. 64 r) ውእቱኒ ፡ ይቤሎሙ ፡ ኢትፍርሁ ፡ ወኢትደንግፁ ፡ በልብክሙ ። ዘኢኃደገኒ ፡ በሕይወትየ ፡ ሊተኒ ፡ ለነዳይ ፡ ኢየኃድገኒ ፡ ⌜አምላከ ፡ ሰማይ ፡ ወምድር [5] ፡ ወበከዩ ፡ እሙንቱኒ [6] ፡ በእንተ ፡ ተፈልጦቱ ፡ ወርኅቀቱ ፡ እምኔሆሙ ። ወለሀዉ ፡ ዐቢየ ፡ ላሃ ፡ ወአንገርገሩ ፡ ዲበ ፡ ምድር ። ወውእቱኒ ፡ ባረኮሙ ፡ እንዘ ፡ ይብል ፡ እግዚአብሔር ፡ ያሴኒ ፡ ሕይወተክሙ ፡ ወይፈኑ ፡ ሣህሎ ፡ ላዕሌክሙ ፡ ወይባርክሙ ፡ ወለንጉሥኒ ፡ ⌜አግብአ ፡ ጽዮን [1] ፡ ባቍዓ ፡ ሎቱ ፡ ይጸግዎ ፡ ⌜ወያግርር ፡ ፀሮ ፡ ወጸላዕቶ ፡ ታሕተ ፡ እገሪሁ ፡ ወብዙኃ ፡ ሰላመ ፡

[1] B om. — [2] (B)] A ትእምርት ፡ — [3] (B)] A ንጸውን ፡ — [4] B መኳንንት ፡ ዘንጉሥ ፡ — [5] B አምላኪየ ፡ በሰማይ ፡ ወበምድር ፡ — [6] B እሙንቱሂ ፡

ይጸግዎ [1] ፡ ወይትናገር ፡ ጽድቀ [2] ፡ ውስተ ፡ ልቡ ፡ በአንተ ፡ ቀድስት ፡ ቤተ ፡
ክርስቲያንከ ። ወይርከቦ ፡ ሣህሎ ፡ ፍጡነ ፡ ⌜ወየሀቦ ፡ በልቡ [2] ። ኀበ ፡ ሀለየ ፡
በአፃብኢሁ ፡ ኀበ ፡ አንጻረ ፡ ፀሩ ፡ ወጸላእቱ ። በኃይለ ፡ መስቀሉ ፡ ለእግ
* A f. 65 r ዚእነ ፡ ኢ*የሱስ ፡ ክርስቶስ ፡ ግሩራነ ፡ ለይኩኑ ፤

ወካዕበ ፡ ይቤሎሙ ፡ የሀብክሙ ፡ ለክሙሂ ፡ ፈሪሃ ፡ ስሙ ፡ ወስነ ፡ አምል
ኮቱ ፡ ወርትዓ ፡ ሃይማኖት ፡ ዘመንፈስ ፡ ቅዱስ ፤ ወየሀብክሙ ፡ ሰላመ ፡ ምስ
ለ ፡ ንጉሥክሙ ፡ ወምስለ ፡ ኵሉ ፡ ሰብአ ፡ ቤቱ ፡ ዘርኍቅ ፡ ወዘቅሩብ ፡ ዘአ
ፍአ ፡ ወዘውስጥ ፡ ወየሀብክሙ ፡ ሞገሠ ፡ በቅድመ ፡ ሰማያውያን ፡ ወምድ
ራውያን ፡ ወይባርክ ። እግዚአብሔር ፡ ፍሬሃ ፡ ለምድርክሙ ፡ ወይትባረክ ፡
ፍሬ ፡ አትክልቲክሙ ፡ ወአቀማሂክሙ ፡ ወገራውሂክሙ ፡ ወኢይብቍል ፡ ው
ስተ ፡ ገራህቲክሙ [3] ፡ ሦክ ፡ ወአሜከላ ። ወኢይረድ ፡ ውስተ ፡ ብሔርክሙ ፡
* A f. 65 v መርቄ ፡ ወደደክ ። ወኢይኩን ፡ ውስተ ፡ ቤትክሙ ፡ ተፃብዖ ፡ ወሀውክ ፡ * ወ
ኢይባዕ ፡ ውስተ ፡ ቤትክሙ ፡ ብእሲ ፡ ድሩክ ። ወኢይምጻእ ፡ ውስተ ፡ ብ
ሔርክሙ ፡ ብእሲ ፡ ዛይትናገር ፡ ነገረ ፡ ዘርቀ ፡ ወበክ ። ወያስምዕክሙ ፡ እ
* B f. 18 v ግዚአብሔር ፡ ቃለ ፡ *⌜ፍሥሐ ፡ ወሐሤት ፡ ወቃለ [2] ፡ መሰናቍት ፡ ዘሕፃ
ናት ፡ ወማኅሌተ ፡ ዘመላእክት ፡ ዘያጠልል ፡ አዕፅምተ ፡ እ[ም]ብዝኃ ፡ ጣዕ
ሙ ፡ ፈድፋደ ፡ ያብዕክሙ ፡ ኀበ ፡ ተተክሉ ፡ ደባትር ፡ ዘነደ ፡ እሳት ፡ ኀበ ፡
ሀሎ ፡ ሊቀ ፡ ካህናት ፡ ኢየሱስ ፡ ክርስቶስ ፡ አሜን ።

ወዘንተ ፡ ቡራኬ ፡ ባረኮሙ ፡ ለኵሎሙ ፡ መኳንንት ፡ ወለንጉሥ ፡ ወሊቃው
ንቲሃ ፡ ለይእቲ [4] ፡ ሀገር ፡ ⌜ለደቂቀኒ ፡ ወለአዕሩግኒ [5] ፡ ለአንስት ፡ ወለተባዕት ፡
⌜ለእንስሳኒ ፡ ወለ[አ]ባግዕኒ [6] ፡ ወለኵሎሙ ፡ እለ ፡ ሀለዉ ፡ ውስተ ፡ አዕፃ
* A f. 66 r ዳቲሆሙ ፡ ወበሐውርቲሆሙ [7] ። ወለኵሉ [8] ፡ * አዕዋዳቲሆሙ ። ወውእቶ
ሙኒ [9] ፡ ሰሚያሙ ፡ ቃለ ፡ ቡራኬሁ ፡ ጥዑመ ፡ ለአብ ፡ መን[ፈ]ሳዊ ፡ ክቡር ፡
ወትሩፈ ፡ ምግባር ፡ አባ ፡ ኢየሱስ ፡ ሞዓ ፡ ወእምዝ ፡ ገብኡ ፡ ውስተ ፡ አብ
ያቲሆሙ ፡ በፍሥሓ ፡ ወበሰላም ፡

[1] (B)] A om. — [2] B om. — [3] B ገራውሂክሙ ፡ — [4] B ለዛቲ ፡ — [5] B ለደቂቀ ፡ ወለአዕሩግ ፡ — [6] B ለእንስሳ ፡ ወለአባግዕ ፡ — [7] B ወበሐውርቲክሙ ፡ corrupte) — [8] B ወለኵሎሙ ፡ — [9] B ውእቶሙኒ ፡

ወነበረ ፡ ውእተ [1] ፡ ዕለተ ፡ በከመ ፡ ልማዱ ። ወሢመ ፡ ሶቤሃ ፡ ህየንቴሁ ፡ አበ ፡ ከመ ፡ ይኩን ፡ ወልደ ፡ እኍሁ ፡ ዘልሕቀ ፡ ለይእቲ [2] ፡ ምኔተ ፡ ሐይቅ ፡ እንተ ፡ ትሰመይ ፡ ደብረ ፡ ነኊድጓድ ። ወአዘዞሙ ፡ ለኵሎሙ ፡ ካህናት ፡ ወመነኮሳት ። ከመ ፡ ይተግሁ ፡ ወኢያጽርዑ ፡ ተቀንዮ ፡ ለእግዚአብሔር ፡ በኵሉ ፡ ጊዜ ። ወዘንተ ፡ ሰሚያሙ ፡ በከዩ ፡ ኵሎሙ ፡ ካህናት ፡ ወመነኮሳት ፡ ንዑሰሙ ፡ ወዐቢዮሙ [3] ፡ በእንተ ፡ ተፈልጦቱ [4] ፡ ወርኀቀቱ ፡ እምኔሆሙ ፡ ወይቤልዎ ፡ ለመኑ ፡ ተኃድገነ ፡ ወ*በአይቴ ፡ ንረክብ ፡ ዘከ * A f. 66 v ማከ ፡ አበ ። ወይቤሎሙ ፡ ሐሰ ፡ ለክሙ ፡ ኢይሄ[ይ]ስ ፡ እምአበውየ ፡ ወኢተናዘዘ ፡ ልቦሙ ፡ እምብዝኃ ፡ ብካይ ፡ ወኀዘን ። ወከመዝ ፡ እንዘ ፡ ይባርኮሙ ፡ ለሕዝብ ፡ ባረካ ፡ ለምኔቱ ፡ ዘትሰመይ ፡ ደብረ ፡ ነኊድጓድ ፡ በረከታቲሃኒ [5] ፡ ፯ [6] ፡ ፩እምኔሆሙ ፡ መቅድመ ፡ ኵሉ ፡ ⌜አባ ፡ ሰላማ ፡ ካልዕ ፡ ዘአዜብ [7] ፡ ባረካ ፡ ወሰደደ ፡ አርዌ ፡ እምለዕሌሃ ፡ ወካዕበ ፡ ተባረከት ፡ በእደ ፡ አባ [8] ፡ ብንያም ፡ ጳጳስ ፡ ዘመጽአ ፡ እምድኅሬሁ ፡ እስመ ፡ ውእቱ ፡ እንዘ ፡ ይጼሊ ፡ ወይቄድስ ፡ ቍርባነ ፡ ኮነ ፡ ይትመየጥ ፡ እምህላዌሁ ፡ ወይትናጸር ፡ ምስለ ፡ መላእክት ፡ ገጸ ፡ በገጽ ። ወሣልስ ፡ ተባረከት ፡ በእደዊሆሙ ፡ ለ፲አኃው ፡ እስመ ፡ እሙንቱ ፡ እንዘ ፡ ያነብቡ ፡ ወይፌክሩ ፡ ወንጌለ ። ወረድኦሙኒ ፡ እንዘ ፡ ያስተ*ደሉ ፡ ምግቦሙ ፡ ዘድራረ ፡ ጾም ፡ ኮነ ፡ ፵ዕለት ፡ ከ * A f. 67 r መ ፡ አሐቲ ፡ ዕለት ። ወተሰምዓ ፡ ቀርን ፡ ዘዕለተ ፡ ሆሣዕና ፡ በከመ ፡ ተብህለ ፡ ንፍሑ ፡ ቀርነ ፡ በዕለተ ፡ ሠርቀ ። ወሶቤሃ ፡ አዕኰቱ ፡ ወይቤሉ ፡ ስብሐት ፡ ለእግዚአብሔር ፡ በሰማያት ፡ ወራብዓ ፡ ተባረከት ፡ በአፈ ፡ አባ ፡ በግዑ ፡ ዘመሰጥዎ ፡ መላእክት ፡ ሰማየ ፡ ከመ ፡ ይርአይ ፡ ማኅደረ ፡ ጻድቃን ፡ ወኃጥአን ፡ ወ፭ቡራኬ [9] ፡ ዘኮነ ፡ እምኀበ ፡ አቡነ ፡ ኢየሱስ ፡ ሞዓ ፡ ዘኢኖመ ፡ በገቦሁ ፡ ፶ወ፩ዓመተ ፡ ወሎቱ ፡ ይሬእይዎ ፡ እለ ፡ ሀለዉ ፡ ማዕዶተ [10] ፡ ባሕር ፡ እንዘ ፡ ይወፅእ ፡ እማኅደሩ ፡ በመንፈቀ ፡ ሌሊት ፡ ወየሐውር ፡ ኀበ ፡

[1] (B)] A ውስተ ፡ — [2] B በይቲ ፡ (sic) — [3] (B)] A ወለዐቢዮሙ ፡ — [4] B ተፈልጦቶሙ ፡ — [5] B በረከታቲሃ ፡ — [6] (B)] A ፯ ፡ (corrupte) — [7] B አባ ፡ ሰላማ ፡ ዘአዜብ ፡ ካልዕ ፡ — [8] B om. — [9] B ወሐምስ ፡ ቡራኬ ፡ — [10] B በማዕዶተ ፡

* B f. 19 r ባሕር ፡ ለቀዊም ፡ ውስቴታ ፡ እስመ ፡ ገጹ ፡ ይበርህ ፡ ከመ ፡ ፀሐይ ፡ * A f. 67 v ወያ*ስተርኢ ፡ እምርኁቅ ፡ ወተቀደ*ሰት ፡ ማይ ፡ በቈመቱ ፡ ወሳድስ ፡ ቡራኬ ፡ ዘተገብረ ፡ በእደ ፡ አቡነ ፡ ተክለ ፡ ሃይማኖት ፡ እንዘ ፡ ሀሎ ፡ ውስቴታ ፡ አመ ፡ አዕረግዎ ፡ መላእክት ፡ ውስተ ፡ ሰማይ ፡ ወአጠነ ፡ መንበረ[1] ፡ ፀባዖት ፡ ምስለ ፡ ፳ወ፬ካህናተ ፡ ሰማይ ። ወሳብእ ፡ ቡራኬ ፡ ዘ[ገ]ብረ ፡ ዓቃቤ ፡ ሰዓት ፡ ሠረቀ ፡ ብርሃን ፡ ወባረከ[2] ፡ ይምና ፡ ወፀጋማ[3] ፡ ከዋላሃ ፡ ወፍጽማ ።

ወእምድኅረ ፡ ገብኡ ፡ ሕዝብ ፤ ሶቤሃ ፡ ጊዜ ፡ ፲ሰዓት ፡ አዘዞሙ ፡ ከመ ፡ ይሑሩ ፡ ውስተ ፡ ቤተ ፡ ክርስቲያን ። ወከመ ፡ ይሥርኡ ፡ ቍርባነ ፡ ወውእቱሰ ፡ ቅዱስ ፡ ብእሴ ፡ እግዚአብሔር ፡ አባ ፡ ኢየሱስ ፡ ምዓ ፡ ቆመ[4] ፡ ውስተ ፡ ጸሎ[ት] ፡ በከመ ፡ ልማዱ ፡ ጸለየ ፡ ወሰአለ ፡ ወአስተብቍዓ[5] ፡ ኀበ ፡ እግዚአብሔር ፡ አምላኩ ፡ ከመ ፡ ይፈጽም ፡ ሎቱ ፡ ጻሕቀ ፡ ሐሊናሁ ፡ ወሶቤሃ ፡ * A f. 68 r ሰምዓ ፡ ቃለ ፡ እምሰማይ ፡ ዘይ*ብል ፡ ኦገብርየ ፡ ኢየሱስ ፡ ሞዓ ፡ ዘወሀበ ፡ ለነዳያን[6] ፡ መንፈቀ ፡ ኀብስት ፡ አው ፡ ጽዋዓ ፡ ማይ ፡ ባሕቲቶ ፡ በስምከ ፡ እምሀር ፡ ለከ ፡ እስከ ፡ ፯ትውልድ ። ወለዘሂ ፡ ተቀብረ ። ውስተ ፡ ዛቲ ፡ ምኔትከ ፡ ኢይዜክር ፡ አበሳሁ ፡ ወእሰሪ ፡ ሎቱ ፡ ኃጢአቶ ፡ ወዘንተ ፡ ኪዳነ ፡ ነሥአ ፡ እምኀበ ፡ እግዚአብሔር ፡ አቡነ ፡ ኢየሱስ ፡ ሞዓ ፡ አመ ፡ ጸለየ ፡ እንዘ ፡ ይደክም ፡ ሥጋሁ ።

ወፈጺሞሙ ፡ ቍርባነ ፡ መጽኡ ፡ ኀቤሁ ፡ ወረከብዎ ፡ ውስተ ፡ ጸሎት ። ወእምዝ ፡ ተደሙ ፡ ወአንከሩ[7] ፡ ወነበረ ፡ ውስተ ፡ ምስካቡ ፡ ወኃደረ ፡ ስኩቦ ፡ ወሶበ ፡ ቀርበ ፡ ጊዜ ፡ ፀዓተ ፡ ነፍሱ ፡ እምሥጋሁ ፤ ወተገብኡ ፡ ብዙኃን ፡ * A f. 68 v ሰብእ ፡ ወአልቦ[8] ፡ ዘኖመ ፡ በይእቲ ፡ ዕለት ፡ እስከ ፡ ይጸብሕ ፡ ሌሊት ። ወሶበ ፡ ሠረቀ ፡ ፀሐይ ፡ ወጽአተ ፡ መንፈሱ ፡ ወአ*ዕረፈ ፡ ⌈በሰላመ ፡ እግዚአብሔር[9] ፡ አመ ፡ ፳ወ፯ ፡ ⌈ለወርኃ ፡ አቴር ፡ ዝውእቱ ፡ ኅዳር[10] ፡ በዕለተ ፡ ⌈ሰንበተ ፡ ክርስቲያን[11] ፡ በ፳፻ወ፯፻፹ወ፯[12] ፡ ዓመተ ፡ ዓለመ ፡ በ፬፻ወ፫[13]

[1] (B)] A በንበረ ፡ (sic) — [2] (B)] A ወባረኮ ፡ — [3] B ወፅገማ ፡ — [4] (B)] A om. — [5] B om. — [6] B ለነዳይ ፡ — [7] B አንከሩ ፡ — [8] B አልቦ ፡ — [9] B በሰላም ፡ ዘእግዚአብሔር ፡ — [10] B ለወርኃ ፡ ኅዳር ፡ — [11] B ሰንበት ፡ — [12] (B)] A በ፳፻ወ፯፻፹ወ፪ ፡ — [13] A, B በ፬፻ወ፬ (corrupte)

ዓመተ ፡ ምሕረት ፡ በ፳ወ፪ዓበቅቴ ፡ ⸢ወርኀ ፡ ወ፬አበቅቴ [1] ፡ ፀሐይ ፡ ኮነ ፡ አረፍቱ ፡ ለአቡነ ፡ ኢየሱስ ፡ ሞዓ ።

ለቢሶ ፡ ፃማሁ ፡ ከመ ፡ ሐዋርያት ፡ ፍቁራኒሁ ፡ ወነሢአ ፡ አክሊለ ፡ ንጹሐ ፡ ዘይደሉ ፡ ለካህናት ፡ ንጹሐን ፡ ወለመነኮሳት [2] ፡ ቅዱሳን ፡ እለ ፡ በስነ ፡ ገድሉ [3] ፡ ሥርግዋን ። ወሶበ ፡ አዕረፈ ፡ ሰገዱ ፡ ቅድመ ፡ ሥጋሁ ፡ ወአምኃዎ ፡ ወእንዘ [4] ፡ ይኤምኅዎ ፡ ርእዩ ፡ ገጾ ፡ እንዘ ፡ ይበርህ ፡ ከመ ፡ ፀሐይ ። ወገነዝዎ ፡ በዘብድው ፡ ጠሊ ፡ ዘከመ [5] ፡ ይደሉ ፡ ወበይእቲ ፡ ዕለት ፡ ኮነ ፡ ዐቢይ ። ፀዕቀ ፡ ወስእኑ ፡ ወሲደ ፡ ሥጋሁ ፡ ውስተ ፡ ቤተ ፡ ክርስቲያን ። ወቀበርዎ ፡ * በዐቢይ ፡ ክብር ፡ ወበዐቢይ [6] ፡ ስብሐት ። ወእምዝ ፡ ለሐውዎ ፡ [* A f. 69 r] ዐቢየ ፡ ላሐ ፡ ወተሰምዐ ፡ ድምፀ ፡ ብካዮሙ ፡ ⸢በይእቲ ፡ ዕለት [7] ፡ ከመ ፡ ነጕድጓደ ፡ ክረምት ፡ ወኮነ ፡ ብዙኃ [8] ፡ ኀዘን ፡ ወብዙኅ ፡ ብካይ ፡ ውስተ ፡ ኵሉ ፡ ብሔረ ፡ ኢት*ዮጵያ ፡ ወነበሩ ፡ ⸢እንዘ ፡ ይበክይዎ [9] ፡ በማዕዶተ ፡ ባሕር [* B f. 19 v] ፡ ፲አውራኃ ። ወእምድኅሬሁ ፡ አተው ፡ ውስተ ፡ ብሔሮሙ ፡ በሰላም ። ወገብሩ ፡ ተዝካሮ ፡ ⸢በብዙኅ ፡ ጻሕቅ [10] ።

ወንሕነኒ ፡ አኃውየ [7] ፡ ንትፈሣሕ ፡ ቦቱ ፡ ወንትሀሰይ ፡ በክብሩ ፡ ወንቁም ፡ በተዝካሩ ፡ ውስተ ፡ ቤተ ፡ ክርስቲያን ፡ ኀበ ፡ ተገብረ ፡ ተዝካሩ ፡ ወኢንግበር ፡ ምንተኒ ፡ እምግብር ፡ በዕለተ ፡ ሞቱ ፤ እስመ ፡ ዐቢይ ፡ ወጻድቅ [11] ፡ ውእቱ ፡ ወኢትግበሩ ፡ ሐሪሰ ፡ ወኢምንተኒ ፡ እምግብረ ፡ እድ ፡ በዕለተ ፡ በዓሉ ፤ * ለንዑስኒ ፡ ወለዓቢይኒ ፡ ዕረፍተ ፡ ይኩን ፡ ለኵሉ ፡ ወለከሙሰ ፡ [* A f. 69 v] ኢይምሰልክሙ ፡ ከመ ፡ ይነትግ ፡ ተግባርክሙ ፡ ለእመ ፡ አዕረፍክሙ ፡ በበዓላተ [12] ፡ እግዚአብሔር ፡ ወኢይነትግ ፡ ተግባርክሙ ፡ አላ ፡ ይትዌሰክ ፡ ተግባርክሙ ፡ ወይመልእ ፡ በረከተ ፡ እግዚአብሔር ፡ ላዕሌክሙ ። በከመ ፡ ይቤ ፡ መጽሐፍ ፡ በበረከቶሙ [13] ፡ ለጻድቃን ፡ ወለሰማዕት [14] ፡ ትትሌዓል ፡ ሀገር ፡ እስመ ፡ ኵሎሙ ፡ አበዊነ ፡ ቀደምት ፡ በበረከቶሙ [15] ፡ ለቀደምት ፡

[1] B om. (corrupte) — [2] B ለመነኮሳት ፡ — [3] B ገድል ፡ — [4] B እንዘ ፡ — [5] B በከመ ፡ — [6] B ወዐቢይ ፡ — [7] B om. — [8] B ብዙኅ ፡ — [9] B እንዘ ፡ ይበክዩ ፡ — [10] (B)] A ብዙኃ ፡ ጻሕቅ ፡ — [11] B ጻድቅ ፡ — [12] B በበዓለ ፡ — [13] B በረከቶሙ ፡ — [14] B ወለሰማዕታት ፡ — [15] B በረከቶሙ ፡

ቅዱሳን ፡ አብዩ [1] ፡ አበዊነ ፡ መምሕራነ ፡ ቤተ ፡ ክርስቲያን ፤ ወንሕነኒ ፡ አኃውየ ፡ ህየንተ ፡ ዝንቱ ፡ ኵሉ ፡ ናተሕት [2] ፡ ርእሰነ ፡ ወነሐሊ ፡ ሠናየ ፡ ለቢጽነ ፡ ወንትፋቀር ፡ በበይናቲነ ። ወንዘክር ፡ ነዳያነ [3] ፡ ወምስኪናነ ፡ በምጽዋት ፡ ወኢንርሳዕ ፡ ዕቤረ ፡ ወእጓለ ፡ ማውታ ፡ * [A f. 70 r] በአምጣነ ፡ ይትከሃለነ ፡ ወዘንተ ፡ ለእመ ፡ ገበርነ ። ወወሀብነ ፡ ንዋየነ ፡ ለምጽዋት ፡ ንረክብ [4] ፡ መዝገበ ፡ ዘሰማያት [5] ፡ በከመ [6] ፡ ይቤ ፡ እግዚእነ ፡ በወንጌል ፡ ዘአስተዮ ፡ ለ፩ እምእሉ ፡ ንዑሳን ፡ አኃው ፡ ጽዋዓ ፡ ማይ ፡ ቈሪር ፡ ከመ ፡ በስመ ፡ ረድእየ ። አሚን ፡ ⸢አሚን ፡ እብለክሙ [1] ፡ ኢየኃጕል ፡ እሴቶ ። ወዘተወክፈ ፡ ጻድቀ ፡ አስበ ፡ ጻድቅ ፡ ዕሤተ [7] ፡ ጻድቅ ፡ ይነሥእ ፡ ወይረክብ [1] ፡ ዘወሀበ ፡ ለነዳያን [8] ፡ ኅብስተ ፡ አው ፡ ጽዋዓ ፡ ማይ ፡ ቈሪር ፡ በስመ ፡ ፍቁርየ ፡ ኢየሱስ ፡ ሞዓ ፡ ኢየኃጕል ፡ ዕሤቶ ፡ ወለነኒ ፡ ከመ ፡ የኀበነ ፡ ዘዓይን ፡ ኢርእየ ፡ ወዕዝን ፡ ኢሰምዓ ፡ ዘአስተዳለወ ፡ እግዚአብሔር ፡ ለእለ ፡ ያፈቅርዎ ፤ ወይእዜኒ ፡ አኃውየ ፡ ናብዕል ፡ እለተ ፡ ሞቱ ፡ ወነሀብ ፡ ምጽዋተ ፡ በስሙ [9] ፡ ከመ ፡ ያ* [A f. 70 v] ድሉ ፡ ለነ ፡ ለሰብአ ፡ ቤቱ ፡ ኀበ ፡ ሀሎ ፡ አጽሙ ፡ ኦአቡነ ፡ ኢየሱስ ፡ ሞዓ ፡ ጸሊ ፡ በእንቲአነ ፡ ኀበ ፡ እግዚአብሔር ፡ ከዊነከ ፡ ገዛደ ፡ ውስተ ፡ ዝንቱ ፡ መካን ፡ ኀበ ፡ ሀሎ ፡ ሥጋከ ፡ ወኀበ ፡ ተቀብረ ፡ አጽምከ ፡ ወኀበዚ ፡ ተገብረ ፡ ተዝካርከ ፡ ወኀበ ፡ ተጸውዓ ፡ ስምከ ፡ ወኀበ ፡ ተነበ ፡ መጽሐፈ ፡ ገድልከ ፡ ህየ ፡ ይኩን ፡ ሣህል ፡ ወምሕረት ፡ ወሕይወት ፡ ወመድኃኒት ፡ እስከ ፡ ⸢ለዓለም ፡ አሚን [10] ። ወአስተምህር ፡ በእንቲአነ ፡ አቡነ ፡ ኢየሱስ ፡ ሞዓ ፡ ከመ ፡ በትንብልና ፡ * [B f. 20 r] ጸሎትከ ፡ ናስምሮ ፡ ለእግዚአብሔር ፡ ወንርከብ ፡ ሞገሠ ፡ በኀቤሁ ፡ በዘይመጽእኒ [11] ፡ ዓለም ፡ ምስለ ፡ ኵሎሙ ፡ ቅዱሳን ፡ በይእቲ ፡ ዕለት ፡ ግርምት ፡ ከመ ፡ ንሰብሖ ፡ ለእግዚአብሔር ፡ አምላክነ ፡ ወመድኅኒነ ፡ ኢየሱስ ፡ ክርስቶስ ። ይትፌሥሑ ፡ * [A f. 71 r] ወይትኃሠዩ ፡ ኵሎሙ ፡ አሕዛብ ፡ እለ ፡ ይሰምዑ ፡ ዕበየከ ፡ ወቅድስናከ ። ወአነሂ ፡ እትፌሣሕ ፡ ወእትሐሠይ ፡ በእላንቱ [12] ፡ ቃላት ፡ እለ ፡ ጸሐፍኩ ፡

[1] B om. — [2] B ወናተሕት ፡ — [3] B ኪዳነ ፡ ወነዳያነ ፡ — [4] (B)] A ንርከብ ፡ — [5] B ዘበሰማያት ፡ — [6] B ከመ ፡ — [7] B ወዕሤተ ፡ — [8] B ለነዳይ ፡ — [9] (B)] A ለስሙ ፡ — [10] (B)] A ለዓለም ፡ ዓለም ፡ (sic) — [11] B በዘይመጽእ ፡ — [12] B በእንተ ፡ እላንቱ ፡

ውዳሴከ ፡ ኅዳጠ ፡ እንዘ ፡ ሀሎ ፡ ብዙኅ ፡ ዘእምተጽሕፈ ፡ ወእምተነግረ ፡ ውዳሴከ [1] ፡ ወእምኖኅ [2] ፡ ነገሩሂ ። ለላ ፡ ኅዳጠ ፡ ጸሐፍኩ ፡ ውዳሴከ ፡ እምዜና ፡ ጽድቅከ ። ከመ ፡ ይትፌሥሑ ፡ እለ ፡ ይሰምዑ ፤ በከመ ፡ ይብል ፡ መጽሐፍ ፡ በውዳሴሆሙ ፡ ለጻድቃን ፡ ⌈ወይትፌሥሑ ፡ አሕዛብ [1] ።

ወንሕነኒ ፡ አኃውየ ፡ ይደልወነ ፡ ንዘክር ፡ ጸአተ ፡ ነፍስነ ፡ እምሥጋነ ፡ እምዓለም ፡ ኃላፊ ፡ ወበጺሐ ፡ ቅድመ ፡ እግዚአብሔር ፡ ወቀዊመ [3] ፡ ውስተ ፡ መካነ ፡ ፍትሕ ፡ ወተኃሥሦ ፡ ኵሉ ፡ ዘገበርነ ፡ ምግባረ ፡ ሠናይ ፡ ወእኩይ ፡ ወበእንተዝ ፡ መፍትው ፡ ንትዓቀብ ፡ እም*ሠረቀ ፡ ወንዕቀብ ፡ አዕይንቲ * A f. 71 v ነ ፡ እምርእየ ፡ እኩይ ፡ ወዘይመስሎ ፡ ለዝ ፡ ምግባረ ፡ ሠናይ ፡ ለሰብእ [4] ፡ እስመ ፡ እሉ ፡ እሙንቱ ፡ ያማስንዋ ፡ ለነፍስ ። ወንዕቀብ ፡ ሥጋነ ፡ እምዝሙት ፡ ዘይወስዶ ፡ ለሰብእ ፡ ውስተ ፡ ሲኦል ፡ ወንዕቀብ ፡ አፉነ ፡ እመርገም ፡ እመሐላ [5] ፡ በሐሰት ፡ ⌈ወእምስምዐ ፡ በዓመፃ [1] ፡ ወን[ት]ገሃሥ ፡ እምስካር ፡ እስመ ፡ ስካር ፡ ያጸልማ ፡ ለነፍስነ ፡ ⌈ወይወስዶ ፡ ለሰብእ ፡ ውስተ ፡ ሐጕል [1] ፡ ብቍዑኒ ፡ አኃውየ ፡ ንግሩ ፡ ለሕይወተ ፡ ነፍስክሙ ። እስመ ፡ በዕለተ ፡ ፍዳ ፡ አልቦ ፡ ቤዛ ፡ ነፍስ ፡ ወኢይበቍዕ ፡ ንስሐ ፡ ወአልቦ ፡ ዘያድኅን ፡ በቅድመ ፡ እግዚአብሔር ፡ ዘእንበለ ፡ ገቢረ ፡ ሠናይ ፡ ወምግባረ ፡ ሠናይሠ ፡ ምሂረ ፡ ነዳያን ፡ ወምስኪናን ፡ ምጽዋት ፡ ውእቱ ። በከመ ፡ ይቤ ፡ ሐዋርያ ፡ በዕለተ ፡ *ደይንሰ ፡ አልቦ ፡ ምሂር ፡ ለዘኢገብረ ፡ ምሕረተ ። ወዘንተሰ [6] ፡ * A f. 72 r ነገረ ፡ ነገርኩክሙ ፡ ከመ ፡ ትግበሩ ፡ ሠናየ ፡ በሕይወትክሙ ፤ እግዚአብሔር ፡ ይባርክ ፡ ላዕሌክሙ ፡ እምንዑስክሙ ፡ እስከ ፡ ዐቢይክሙ ፡ እለ ፡ ተጋባእክሙ ፡ ዮም ፡ ውስተ ፡ ዛቲ ፡ ቤተ ፡ ክርስቲያን ፡ ቅድስት [1] ፡ ካህናት ፡ ወዲያቆናት ፡ መነኮሳት [7] ፡ ወመዘምራን ፡ ወሕዝባውያን ፡ እለ ፡ መጻእክሙ ፡ እምርኁቅ ፡ ወእምቀሩብ [8] ፡ ከመ ፡ ትግበሩ ፡ ተዝካሮ ፡ ለአቡነ ፡ ⌈ክቡር ፡ ወንጹሕ ፡ አባ [1] ፡ ኢየሱስ ፡ ሞዓ ፡ ዘውገ ፡ መላእ[ክ]ት ፡ እግዚአብሔር ፡ የንብክሙ ፡ አስበ ፡ ፃማክሙ ፡ ወኢያስተኃፍርክሙ ፡ እምተስፋክሙ [9] ፡ እግዚአ

[1] B om. — [2] B ወእምኑኅ ፡ — [3] B ወቀድመ ፡ — [4] B ለለሰብእ ፡ — [5] B ወእመሐላ ፡ — [6] B ወዘንተ ፡ — [7] B ወመነኮሰት ፡ — [8] (B)] A ወእምቀርብ ፡ — [9] (B)] A om.

ብሔር ፡ ወይስረይ ፡ አበሳክሙ ፡ ዘትካት ፡ ወይደይ ፡ ውስተ ፡ ልብክሙ ፡ ፈ
* B f. 20 v ሪሆተ ፡ ስሙ ፡ ወይረስይክሙ ፡ * ድልዋነ ፡ ለመንግሥተ ፡ ሰማያት ፡ እንተ ፡
* A f. 72 v ሀለ*ወት ፡ እምቅድመ ፡ ይትፈጠር ፡ ዓለም ፡ እግዚአብሔር ፡ ይባርክ ፡ ላዕ
ሌክሙ ፡ ወያሢኒ ፡ ምግባሪክሙ ፡ ወያርትዕ ፡ ፍኖተክሙ ፡ ⸢ወያብዝኅ ፡ ሲ
ሳየክሙ [1] ፡ ወያኀድር [2] ፡ ጸጋሁ ፡ ላዕሌክሙ ፡ ወይደምርክሙ ፡ ምስለ ፡ ቅ
ዱሳኒሁ ፡ በብዝኃ ፡ ምሕረቱ ፡ ወዕበየ ፡ ሣህሉ ፡ በጸሎታ ፡ ለቅድስት ፡ ⸢ድን
ግል ፡ በ፪ [3] ፡ ማርያም ፡ ወላዲተ ፡ አምላክ ። ወበጸሎቶሙ ፡ ለሰብአ ፡ ናግ
ራን ፡ ሰማዕታት ፡ ወበጸሎቱ ፡ ለብፁዕ ፡ ወቅዱስ ፡ አባ ፡ ኢየሱስ ፡ ሞዓ ፡
ወላዴ ፡ አእላፍ ፡ ወበጸሎቱ ፡ ለእስጢፋኖስ ፡ ቀዳሚ ፡ ሰማዕት ፡ ወበጸሎ
ቶሙ ፡ ለኵሎሙ ፡ ቅዱሳን ፡ ይምሐረኒ ፡ ይምሐርክሙ ፡ እግዚአብሔር ፡ አ
ሚን ፡ ወአሚን ።

ተፈጸመ ፡ በዝየ ፡ ገድሉ ፡ ለብፁዕ ፡ ወቅዱስ ፡ አባ ፡ ኢየሱስ ፡ ሞዓ ፡
* A f. 73 r ዘይትነበብ ፡ አመ ፡ ፳ወ፯ለኅዳር ፡ ወለለወርኁ ፡ * ጸሎቱ ፡ ወበረከቱ ፡ ወሀ
ብተ ፡ ረድኤቱ ፡ ለዝንቱ ፡ ጻድቅ ፡ አቡነ ፡ ኢየሱስ ፡ ሞዓ ፡ ወበረከቶሙ ፡ ለ
ሰማዕተ [4] ፡ ናግራን ፤ የሀሉ ፡ ⸢ምስለ ፡ ኵልነ [5] ፡ ደቂቀ ፡ ደብረ ፡ ነጐድጓድ ፡
ተዘኪሮ ፡ ኪዳነ ፡ አቡነ ፡ ይጽሐፍ ፡ ስሞ ፡ እግዚአብሔር ፡ ውስተ ፡ መጽ
ሐፈ ፡ ሕይወት ፡ ንሕነሂ ፡ ደቂቀ ፡ ደብረ ፡ ነጐድጓድ ፡ እለ ፡ አጽሐፍነ ፡ ዘ
ንተ ፡ መጽሐፈ ፡ ኢወሰክነ ፡ ወኢያንተግነ ፡ እምዘ ፡ ነገሩነ ፡ አበዊነ ፡ ቀደም
ት ። ተዘኪረነ ፡ ቃለ ፡ ዘይቤ ፡ ዮሐንስ ፡ አቡቀለምሲስ ፡ ወዛሊየነ [6] ፡ ፍቅሮ ፡
እስጢፋኖስ ፡ ወተአሚነነ ፡ ኪዳኖ ፡ ለአቡነ ፡ ኢየሱስ ፡ ሞዓ ፡ ዘወለደነ ፡ በ
ጸጋ ፡ ወአኮ ፡ በሥጋ ፡ በከመ ፡ ይብል ፡ መጽሐፍ ፡ እስመ ፡ እምተረፈ ፡ ዚ
አሁ ፡ ነሣእነ ፡ ኵልነ ፡ ንሕነ ፡ ጸጋ ፡ በዲበ ፡ ጸጋ ፡ ወኃይል ፡ እግዚእነ ፡ እዳ ፡
* A f. 73 v ኃጢአቱ ፡ ከመ ፡ ያቅልል ፡ ኃጥአነ ፤ * አመ ፡ ይትቤቀል ፡ ወጻድቃነ ፡ አመ ፡
ይሣሃል ፡ ወመዋዕሊሁ ፡ ይኩና ፡ መዋ[ዕ]ለ ፡ ምሕረት ፡ ወሣህም ።

[1] B ወያብዝኅክሙ ፡ A autem habet ወያበዝኅ ፡ ሲሳየክሙ ፡ — [2] (B)] A ወያኅድር ፡ — [3] B om. — [4] B ለሰማዕታተ ፡ — [5] B ምስሌነ ፡ አሚን ፡ Hic in ms B sequitur finis eius textus, v.p. 55. — [6] ms ወዛለየነ ፡

ወለዘጽሒቀ[1] ፡ ያስተራትዕ ፡ አንብቦቶ ፡ ለዝንቱ ፡ መጽሐፍ ፡ ጽሬግ ፡ ማሰሬ ፡ ገብረ ፡ ማርያም ፡ ይዕቀቦ ፡ ንጉሥ ፡ ግሩም ፡ በዝዓለም ፡ ወበዘይመጽእ ፡ ዓለም ፡ በጸሎተ ፡ ኢየሱስ ፡ ሞዓ ፡ ዘኮነ ፡ መፍ[ቀ]ሬ ፡ ጸሎት ፡ ወጾም ፡ ወመዋዕሊሁ ፡ ዘጾመ ፡ እንበለ ፡ ንዋም ፡ አሜን ፤ ወአሜን ፡ ለይኩን ፡ ለይኩን ።

ለዘጸሐፎ ፡ ወለዘአጽሐፎ ፡ ወዘአንበቦ ፡ ወለዘሰምዓ ፡ ቃላቲሁ ፡ ይጽሐፍ ፡ ስሞ ፡ ውስተ ፡ መንግሥተ ፡ ሰማያት ፡ አሜን ፡ አሜን ፤

፲፱፻፷፭ ዓመት ፡ ይኸን ፡ አስጀምረህ ፡ ያስፈጸምኸኝ ፡ አምላክ ፡ ክበር ፡ ተመስገን ። ወጸሐፊሁ ፡ አለቃ ፡ ዓለሙ ፡ ኃይሉ ፡ ወስመ ፡ ጥምቀቱ ፡ ወልደ ፡ አማኑኤል ።

LA FIN DU MANUSCRIT B

ተአምሪሁ ፡ ለብፁዕ ፡ አቡነ ፡ ኢየሱስ ፡ ሞዓ ፡ መፍቀሬ ፡ ጽሙና ፡ ወለባሴ ፡ B f. 20 v ብዙኅ ፡ ቀድስና ፡ ዘኮነ ፡ ለቤተ ፡ ክርስቲያን ፡ ቀርና ። ኃይለ ፡ ጸሎቱ ፡ ያድኅነነ ፡ እምሳጥና ፡ ወበረከቱ ፡ የሀሉ ፡ ምስሌነ ፡ ለዓለመ ፡ ዓለም ፡ አሜን ።

ስምዑ ፡ አበዊነ ፡ ወአኃዊነ ፡ ናሁ ፡ ንነግረክሙ ፡ ተአምረ ፡ አቡነ ፡ ኢየሱስ ፡ ሞዓ ፡ እምከመ ፡ መጽአ ፡ እምደብረ ፡ ዳሞ ፡ ወቦአ ፡ ውስተ ፡ ደብሩ ፡ ለእስጢፋኖስ ፡ ቀዳሚ ፡ ሰማዕት ፡ ወዝንቱ ፡ አቡነ ፡ ኢየሱስ ፡ ሞዓ ፡ ነበረ ፡ እንዘ ፡ ይጸመድ ፡ ለጸሎት ፡ ወይትለዓክ ፡ ለታቦተ ፡ እስጢፋኖስ ፡ ወተማከሩ ፡ ሕዝብ ፡ ከመ ፡ ይሢምዎ ፡ ወእምድኅረ ፡ ተሠምየ ፡ እምንበ ፡ ዛጌ ፡ ዘእምነገደ ፡ ሔዳዳ ፡ ወመጽአ ፡ ካልዕ ፡ ንጉሥ ፡ ዘውእቱ ፡ ይኩኖ ፡ አምላክ ፡ ወሞዖ ፡ ለዛጌ ፡ ወነግሠ ፡ ላዕለ ፡ ኵሉ ፡ ምድር ፡ ወመጽአ ፡ ኀበ ፡ አባ ፡ ኢየሱስ ፡ ሞዓ ፡ ወተካየደ ፡ ብዙኃ ፡ ኪዳናተ ፡ ምስሌሁ ፡ ወእንዘ ፡ ይትካየዱ ፡ ቦአ ፡ ንጉሥ ፡ ውስተ ፡ ባሕር ፡ እስከ ፡ ብረኪሁ ፡ ወነበረ ፡ አቡነ ፡ ኢየሱስ ፡ ሞዓ ፡ ላዕለ ፡ ሐመር ፡ እስመቦ ፡ መሐላ ፡ ከመ ፡ ኢይረድ ፡ ሶቤሃ ፡ ነሰከ ፡ እግሮ ፡ ለንጉሥ ፡ ሐመግድ ፡ ዘውእቱ ፡ አለቀት ፡ ወነጺሮ ፡

[1] ms ወለዘጻሕቀ ፡

አቡነ ፡ አየሱስ ፡ ሞዓ ፡ ዘንተ ፡ ረገመ ፡ አረዊተ ፡ ዘውስተ ፡ ባሕር ፡ ከመ ፡ ኢይንስኩ ፡ ሰብአ ፡ ወእንስሳ ፡ ወይልሳሕ ፡ ሕምዞሙ ፡ ወዝ ፡ ተአምር ፡ ሀሎ ፡ እስከ ፡ ይእዜ ፡

ጸሎቱ ፡ ወበረከቱ ፡ ለአቡነ ፡ ኢየሱስ ፡ ሞዓ ፡ ክሉል ፡ በግርማ ፡ ወለባሴ ፡ ብዙኅ ፡ ፀማ ፡ ዘሞያ ፡ ለመስቴማ ። የሀሉ ፡ ለዓለመ ፡ ዓለም ፡ አሜን ፡ ወአሜን ፡ ለይኩን ፡ ለይኩን ።

NOMS DE PERSONNE

(Les noms : ኢየሱስ ፡ ክርስቶስ ፡ et ኢየሱስ ፡ ሞአ ፡, sont omis dans cet index).

NOMS DE PEUPLES ET DE LIEU

TABLE DES MATIÈRES